서울대학교 일본연구소
Reading Japan **9**

일본, '전후'의 붕괴

서브컬처, 소비사회 그리고 세대

저 자 : 권혁태

제이앤씨
Publishing Company

책 을 내 면 서

　서울대 일본연구소가 〈리딩재팬〉 시리즈로 인사를 드립니다. 〈리딩재팬 Reading Japan〉은 '스피킹 재팬 Speaking Japan'을 문자로 기록한 시리즈입니다.

　저희 일본연구소는 세계와 소통하는 연구 거점으로 거듭나기 위해, 세계의 저명한 연구자와 다양한 분야의 전문가를 초청하여 각종 강연회를 개최하고 있습니다.

　강연회는 현대 일본의 복잡다단한 동향과 일본 연구의 세계적 쟁점을 보다 생생하고 신속하게 발신하는 형식입니다. 하지만 '말'을 기억하는 힘은 역시 '글'에 있습니다. 이 작은 책자들 속에는 한 귀로 흘려버리기에 아까운 '말'들을 주워 담았습니다.

　〈리딩재팬〉은 일본의 정치, 외교, 경제, 역사, 사회, 문화, 교육 등에 걸친 쟁점들을 글로벌한 문제의식 속에서 알기 쉽게 풀어내고자 노력합니다. 강연회에서 논의된 다양한 주제들을 대중적으로 확산시키고, 일본 연구의 사회적 소통을 넓혀나가는 자리에 〈리딩재팬〉이 함께하겠습니다. 앞으로도 많은 관심을 부탁드립니다.

차 례

들어가는 말

- 이 책에서는 옴진리교 사건을 하나의 축으로 삼아 1990년대 청년들이 어떻게 일본이라는 국가에 '회수'되어갔는지를 다룬다. 이를 위해서는 일본의 사회변동에 대한 구조적이고 역사적인 분석이 필요하지만 이는 필자의 능력 밖의 일이다. 따라서 이 책에서는 주로 당시의 언설을 중심으로 내셔널리즘 문제를 진단해, 2000년대 급격한 우경화의 근(近)기원을, 이른바 '전후'의 붕괴라는 시점에서 찾아본다.

권 혁 태

"조선인을 죽여라.", "조선인을 쫓아내라." 요즘 기승을 부리고 있는 일본의 신종 우파 단체가 집회 등에서 공개적으로 내뱉는 말들이다. 이 평가할 가치조차 없는 광신적 인종주의자 집단의 집회 모습을 전하는 몇 개의 영상을 보다 보니 혐오감이나 한심함을 넘어서 가련함마저 느껴진다. 물론 이런 극단적인 주장을 가지고 일본 사회를 도배질해서 싸잡아 비난하는 것은 그리 어려운 일은 아니다. 일본에는 다양한 사람들과 생각이 있다. 그래서 이들을 비난하는 대항집회도 열렸고 또 우파 단체 중에서도 이들을 비판하는 소리를 내는 사람들이 있다. 하지만 분명한 사실은 지금의 일본이 백주에 아무렇지도 않게 이런 주장을 할 수 있는 사회라는 점이다. 이 '낡고도 새로운' 현상을 어떻게 해석할 것인가를 둘러싸고는 여러 분석이 있다. 얼마 전에 한국어로 번역된 『인터넷과 애국』(후마니타스, 2013)에서 지은이 야스다 고이치(安田浩一)는 단체 안팎을 꼼꼼하게 취재한 결과를 바탕으로 하나의 결론을 내세운다. 이 단체에 참여하고 있는 사람들은 신념에 가득 찬 특별한 사람들이 아니라, 일상에서는 부드러운, 어디서나 만날 수 있는 평범한 사람들인데, 이들이 인터넷이라는 가상공간에서는 광신적 인종주의자로 변모한다는 것이다. 인터넷이라는 '가상공간', 즉 '허구'가 현실 해석을 어떻게 왜곡시키고 증폭시키는가를 생각할 때 이는 많은 시사점을 준다. 그러나 인터넷이라는 가상공간을 분석의 중심에 놓았다는 점만을 제외하면, 이 주장은 그리 새로운 이야기가 아니다. 게다가 이 단체의 활동이 인터넷이라는 가상공간을 중요한 배경으로 하고 있다고 해도, 이미 오프라인으로까지 확대되어 시민사회에서 중요한 정치적 행위자로 기능하고 있다는 현실이 있다. 또 이들이 일상에서는 지극히 평범한 사람이라는 '발견'은, 한나 아렌트(Hannah Arendt)가 유태인 학살의 책임자인 아이히만의 재판을 기록한 『예루살렘의 아이히만』에서 말한 '악의 평범성(banality of evil)'을 인용하지 않아도 이미 역사 속에서 수없이 확인되는 사실이기도 하다.

오히려 필자가 주목하고 싶은 것은 이들 단체에 참여하고 있는 젊은 사람들의 모습이다. 일본의 '극우파' 하면 군복을 입고 히노마루나 욱일승천기를 내걸고 검은색 개조 버스를 탄 채로 군가를 외쳐 부르는 전통적 이미지가 떠오르지만, 이들은 이런 극우파의 전통적인 '아저씨' 이미지와 많이 다르다. 일본 우경화를 추동하는 가장 중요한 요소 중의 하나가 '보수화'를 넘어선 청년층의 '초(超)국가주의화'에 있다고 한다면, 청년층의 이런 '심정'을 어떻게 이해할 것인가가 일본 우경화의 비밀을 푸는 열쇠가 될 수 있다.

　이와 관련해 필자는 이미 『일본의 불안을 읽는다』(교양인, 2010)의 '잃어버린 세대'에서 1970년대 중반 태생의 논객 3명을 소개한 바 있다. 그중에서 청년층의 '초국가주의화'를 생각할 때 빼놓을 수 없는 인물이 바로 1975년생 아카기 도모히로(赤木智弘)이다. 그는 도쿄의 전문학교를 졸업하고 아르바이트로 생계를 잇고 있는 사람이다. 그가 유명해진 것은 월간지 『론자(論座)』(2007년 1월)에 "마루야마 마사오를 때려주고 싶다. 31세 아르바이트생, 희망은 전쟁"이라는 자극적인 제목의 글을 발표하였기 때문이다. 당시 아카기는 아르바이트로 생계를 잇고 있던 31세의 청년이었고, 마루야마 마사오(丸山真男)는 일본을 대표하는 정치학자로, 일본의 전후 민주주의와 평화주의를 대표하는 지성으로 추앙받던 인물이다. 왜 '겨우 하루 벌어 하루 먹고사는 아르바이트생'이 일본을 대표하는, 이미 고인이 된 정치학자의 뺨을 때려주고 싶다고 했을까? 아카기는 1990년대에 사회에 첫발을 내디뎠지만 불황 탓에 직장을 구할 수 없었고 그래서 아르바이트로 생계형 삶을 시작했다. 그는 부모님 집에서 기식하면서 독신으로 하루하루를 '희망 없이' 연명한다. 그의 삶이 나아질 가능성은 없다. 리버럴 좌파 세력은 항상 '전후 민주주의를 지키자!', '헌법을 지키자!'고 말하지만, '희망 없는' 아카기에게는 이 '상투적 정론'이 아카기 자신의 무의미한 삶을 '지키자'는 말로 들린다. 그래서 그는 '평화'를 경멸하고 '전쟁'을 지지한다. 평화주의자들은 전쟁의 비참함을 말하지만 그에게 전쟁이란 "가진 자가 무엇인가를 잃기 때문에" 비참한 것이며, 오히려 평화가 약자에게만 고통을 강요한다고 생각한다. 그래서 "'반전 평화'라는 슬로건이야말로 우리들을 일생 동안 빈곤 속에 가두어 두려는 '가진 자'의 오만이다."라고 말한다. 그에게 전쟁은 이런 현상을 뒤집어엎을 수 있는 기회이고 "희망의 빛"이다. 물론 이런 아카기의 극단적인 주장에 대해 사타카 마코토(佐高信)는 "오폭(誤爆)"이라고 한다. 그리고 아카기가 비판해야 할 대상은 반전 평화를 주장하는 리버럴 좌파나 정사원 중심의 노조가 아니라, 신자유주의를 주창하고 헌법 개정을 주창하는 자민당 정권이라는 '정론'을 편다. 하지만 '정론'은 말 그대로 '정론'일 뿐이다. 왜 이런 일이 벌어졌을까?

역시 앞서 말한 '악의 평범성'이 적어도 청년층에게는 인터넷이 일반화되기 전인 1990년대부터 이미 똬리를 틀고 있었다고 봐야 한다. 그래서 이 책에서는 우경화의 근(近)기원으로 1990년대를 다룬다. 그렇다면 1990년대는 일본에게 어떤 시대였을까?

1985년 플라자 합의로 엔화가 천정부지로 뛰어올랐고 금리는 곤두박질쳤다. 주가와 땅값은 하늘 높은 줄 모르고 올라갔고 일본은 버블 경기에 취했다. 사람들은 해외로 치달았고 여기저기에 새로운 건물들이 들어섰다. 일자리는 넘쳐나고 사람은 모자라 기업들은 3학년 대학생들에게 2년 후의 취업을 입도선매처럼 보장했다. 도쿄의 허름한 집 한 채 값이 미국 캘리포니아의 수영장 딸린 호화 주택 값을 웃돌았다. 일본 자본들은 비싼 엔화로 세계 곳곳의 부동산과 골동품을 사들였다. 세계의 유명 학자들과 미디어는 일본의 '성공'을 칭송하고 일본으로 몰려들었다. 정치권에서는 나카소네 야스히로(中曾根康弘)가 '전후 정치의 총결산'을 내걸고 1982년부터 1987년까지 수상 자리에 군림했다. 그리고 민영화 바람이 불었다. 1984년에 일본전신전화공사가 NTT로, 1985년에는 일본전매공사가 일본담배산업주식회사로, 1987년에는 국유철도가 JR로 각각 민영화되었다. 철도 민영화로 농촌 지역의 적자노선이 폐지되면서 벽지의 고령자들은 이동 수단을 잃었다. 해고된 국철 노동자는 거리를 헤맸다. 소효(일본노동조합총평의회)가 해산되어 렌고(전일본노동조합연합회)에 합류한 시기도 이 무렵(1989년 11월)이다. 일본의 계급적 노동운동을 이끌던 전국조직이 해산된 것이다. 즉 '전투적' 노동운동의 종언이었다. 하지만 평화와 민주주의라는 기존의 가치에 경제대국 일본이라는 또 하나의 성공 이야기가 덧붙여진 시대에 이의를 제기하는 사람은 많지 않았다.

1989년에는 히로히토가 죽었다. 상가가 문을 닫고 축제가 취소되는 등, 일본 사회는 '자숙' 일색으로 물들었다. 아시아 전역을 죽음의 늪으로 몰고 간, 그리고 패전 후 미국과의 합작을 통해 평화와 민주주의의 상징으로 되살아났던 독재자의 '자연사'에 일본 사회는 침묵하거나 히로히토에 대한 칭송으로 물들었다. 히로히토에게 전쟁 책임이 있다고 말한 나가사키 시장은 총격에 쓰러졌다. 그렇게 '쇼와'가 끝나고 '헤이세이'가 시작되었다. 지구 반대편에서는 베를린의 장벽이 무너지고 냉전체제가 해체되어

갔다. 이 새로운 사태에 사람들은 물론 불안해했다. 왜냐하면 평화, 민주주의, 고도성장이라는 일본의 '성공'이 사실은 냉전체제의 산물이라는 것을 알고 있었기 때문이다. 하지만 일본의 '성공'은 견고했고 흔들림이 없었다. 일본의 '전후'는 마치 '불침항모'처럼 보였다.

1990년대에 들어서자 분위기가 바뀐다. 불경기가 장기간에 걸쳐 일본 사회를 괴롭히리라고는 누구도 상상조차 못했지만, 버블 경기가 해체되고 불경기가 시작되었다. 냉전 해체가 냉전의 '수혜자' 일본을 뒤흔들기 시작했다. 1993년에는 자민당 일당 지배가 무너지고 정당체제의 이합집산이 시작되었다. 그리고 정치 개혁의 이름하에 기존의 중대선구제를 대신해 소선구제가 1996년 선거부터 실시되었다. 미국식 보수-리버럴 양당제를 지향한 선거구제 개혁이었지만, 이 결과 사회당은 거의 형체도 없이 사라졌다. 강령에만 존재했던 기존의 계급 노선과 절대적 평화주의 노선을 버리고 이른바 '현실화' 노선을 취하면서 당명을 사회당에서 사민당으로 바꾸었지만 결과는 참담했다.

또 냉전 해체의 영향이 아시아를 통해 일본으로 번져온 것도 이 무렵이다. 이라크가 쿠웨이트를 군사 공격하자 미국은 일본에 군사 협조를 요청했다. 동아시아에서는 북핵 문제가 부상했다. 그러자 '전수방위'로 버텨온 평화

헌법 체제의 모순이 드러나고 미일 동맹을 강화하는 흐름 속에서 일본의 군사적 역할을 강화하려는 움직임이 본격화되었다. 또 한국과 대만 등에서는 민주 정권이 들어섰다. 그리고 독재 정권하에서 억눌려왔던 역사 문제가 분출했다. 특히 위안부 문제의 표면화는 일본의 '전후 번영'을 지탱했던 역사관을 뿌리째 뒤흔들었다. 이런 사태에 일본 정부가 택한 방식은 국가책임을 인정하지 않는 '사과' 외교였다. 고노(河野) 담화, 무라야마(村山) 담화는 이렇게 탄생했다. 국가책임을 인정하지 않는 '사과'를 통한 해결 방식은 역사 문제에만 국한되지 않았다. 나리타(成田)공항 문제, 미나마타병 피해자 문제, 수혈로 인한 에이즈 환자 피해 문제에서도 일본 정부는 국가의 직접 책임을 인정하지 않는 '사과'를 통해 문제 해결을 꾀했다. 아이누에 대한 정치경제적 책임을 회피하고 아이누를 문화적 범주에 가두어두는 아이누문화진흥법이 제정된 것도 이런 흐름 중의 하나이다. 하지만 이런 움직임조차 오래가지 않았다. 우파의 반격이 시작되었기 때문이다. '자유주의사관연구회'나 '새로운 역사 교과서를 만드는 모임'이 시작된 것도, 고바야시 요시노리(小林よしのり)의 『전쟁론』이 인기를 끈 것도 이 무렵이다. 그리고 '우경화 원년'이라 불리는 1999년에는 국기국가법을 비롯해 각종 우경

화 법률이 제정되었다. 또 고이즈미 준이치로(小泉純一郎) 정권이 들어섰고 부분적으로 민주당으로의 정권교체가 있었지만 전체적인 흐름에서는 우경화 흐름이 제어되기는커녕 갈수록 가속화되었다. 이렇게 보면 냉전 해체 등과 같은 국제질서의 급격한 변화 속에서 일본이 택한 길은 '더 오른쪽으로!'였다는 결론이 된다.

그렇다면 왜 오른쪽이었을까? 일본의 현대를 지탱해왔던 '전후'라는 가치 공간이 1990년대에 본격적으로 무너진 것이 그 중요한 원인이다. 일반적으로 '전후'는 '평화주의', 고도성장, 보수혁신의 균형, 미일 동맹(대미 의존)을 구성요소로 한다. 그리고 각각의 요소가 얽히고설켜 있지만 이를 큰 틀에서 지탱한 것이 세계적인 차원에서의 냉전체제이다. 존 다우어(John W. Dower)는 '패배를 끌어안고(embracing defeat)'라는 말로 형용하고 있지만, 일본의 '전후 번영'은 기본적으로 냉전체제의 산물이다. 따라서 2000년대 이후의 우경화는 냉전 해체 후, '전후'라는 가치 공간이 붕괴된 결과이다.

'브레이크 없는 폭주 기관차' 같은 일본의 정치적 흐름을 일본의 시민사회는 왜 제어하지 못했을까? 일본이 '약한 시민사회'와 '강한 국가'의 특징을 가지고 있다는 것은 잘 알려져 있는 사실이다. 특히 소효가 해체되는 등 노동운동이 힘을 잃고 사회당이 제 기능을 하지 못한 데다가 시민운동이 역사적 '상처' 때문에 '각론에 강하고 총론에 약한' 고립분산적인 상태에 머물러 있었다는 것이 원인일 것이다. 하지만 이런 점만을 가지고 경제 대국 일본의 풍요로움 속에서 자라난 세대들이 왜 1990년대를 거치면서 급격하게 '초국가주의'로 기울어졌는지를 설명할 수는 없다. '전후'를 옹호하거나 '전후'를 완성하자는 세력과 '전후'를 부정하는 세력이 대립 공존하는 가운데, 이 '전후'가 만들어낸 새로운 세대는 '전후'와 무관하거나 이를 부정하는 가치 체계에서 성장하고 있었다는 점이 중요한 이유 중의 하나이다. 리버럴 좌파가 말하는 호헌이나 평화주의는 이들을 사로잡을 수 있는 가치 체계가 이미 아니었다. 매력적이기는커녕, 오히려 낡은 시대착오적 가치이거나 타도해야 할 기성 체제에 불과했다. 냉전 해체를 하나의 계기로 삼기는 했지만 '전후'는 이미 그 내부에서 '전후'가 만들어낸 새로운 세대들에 의해 붕괴되고 있었다. 따라서 청년층의 '보수화', 혹은 '초국가주의화'를 설명하기 위해서는 이 새로운 세대들을 에워싸고 있었던 문화, 즉 소비사회, 서브컬처, 포스트모던, 탈정치화, 탈국가화 등이 이어졌던 1980~90년대의 문화적 흐름을 이해하여야 한다. 그 흐름의 돌출된 곳에 1995년 세상을 떠들썩하게 만든 옴진리교 사건이 자리한다. 이 책에서는 옴진리교 사건을 하나의 축으로 삼아 1990년대 청년들이 어떻게 일본이라는 국가에 '회수'되어갔는지를 다룬다. 이를 위해서는 일본의 사회변동에 대한 구조적이고 역사적인 분석이 필요하지만 이는 필자의 능력 밖의 일이다. 따라서 이 책에서는 주로 당시의 언설을 중심으로 내셔널리즘 문제를 진단해, 2000년대 급격한 우경화의 근(近)기원을, 이른바 '전후'의 붕괴라는 시점에서 찾아본다. 이런 의미에서 보면 이 책은 필자가 편저자로 참여한 『전후의 탄생-일본, 그리고 '조선'이라는 경계』(권혁태, 차승기 엮음, 그린비, 2013년)의 연장선에 있다.

이 책은 2012년 5월 30일 (수요일) 서울대학교 일본연구소에서 열린 제146회 일본 전문가 초청 세미나에서 '일본의 전후를 어떻게 볼 것인가-1995년이라는 전환을 중심으로'라는 제목으로 발표한 내용을 바탕으로 하였다. 많은 분들의 토론과 조언, 그리고 그 후의 고민 과정을 거쳐 세미나 발표 내용과는 전혀 다른 내용이 되었다. 이 책을 내기까지 실로 많은 분들의 도움을 얻었다. 부족한 내용에, 약속한 날짜보다 대폭 늦어졌음에도 끈기 있게 기다려주신 서울대 일본연구소 관계자 여러분들에게 감사드린다. 특히 많은 도움을 주신 서울대 일본연구소 조아라 교수와 박정진 교수(지금은 쓰다주크대학 교수)에게 감사의 말을 전하고 싶다. 끝으로 필자와 항상 같은 자리에 있는 30년 벗 윤영주에게 이 책을 바친다.

2013년 6월
권혁태

제1장
왜 1990년대를
문제 삼는가?

단절의 계기나 사건이 외부로부터 가해
지는 돌발적인 충격의 형태로 어느 날
갑자기 발생했다 해도, 그 충격이 한
시대의 내부에서 갈등, 욕망, 대립, 모
순 등의 이름으로 끊임없이 잠재되어
있던 어떤 것의 결과물이라면, 한 시대
를 종언시키고 다른 시대로 넘어가는
힘과 그 방향은 전 시대에 잠재되어 있
던 그 어떤 것에 큰 영향을 받는다.

왜 1990년대를 문제 삼는가?

한 시대의 '종언'이란 다른 시대의 '시작'을 의미하는 것이지만, 이 종언-시작의 동시 작용이 단선적인 시간의 흐름만을 의미하는 것이 아님은 말할 것도 없다. 시대와 시대를 구분하는 양자 사이에 당연히 각 시대를 관통하고 구성하며 작동시키는 원리에 질적인 차이가 존재하거나 혹은 존재한다는 느낌이 있어야 한다. 또한 그 질적인 차이를 추동하고 만들어내는 단절의 계기나 사건이 양자 사이의 차이를 극적으로 드러낼 때, 비로소 종언-시작의 동시 작용이 작동하는 법이다. 단절의 계기나 사건이 외부로부터 가해지는 돌발적인 충격의 형태로 어느 날 갑자기 발생했다 해도, 그 충격이 한 시대의 내부에서 갈등, 욕망, 대립, 모순 등의 이름으로 끊임없이 잠재되어 있던 어떤 것의 결과물이라면, 한 시대를 종언시키고 다른 시대로 넘어가는 힘과 그 방향은 전 시대에 잠재되어 있던 그 어떤 것에 큰 영향을 받는다.

이런 관점에서 이 글은 1990년대를 다룬다. 1990년대를 다루는 까닭은 현재 일본의 정치사회 지형의 근(近)기원이 바로 1990년대에 있다고 보기 때문이다. 물론 그렇다고 해서 1990년대에 1868년의 메이지유신이나 1945년의 패전처럼 일본 사회를 뿌리째 뒤흔들어 질적인 변화를 추동할 만큼 획기적인 사건이 일어났다는 의미는 아니다. 다만 1945년부터 시작된 '전후'에서 질적인 변화가 현재화된 시기였고, 그 변화의 여파가 유동적이기는 하지만 지금까지 이어지고 있다고 생각하기 때문이다.

1990년대를 전환기(轉換期)로 보는 것은 필자만이 아니다. 예를 들면 오구마 에이지(小熊英二)는 1945년부터 1955년을 '제1의 전후'(혼란과 개혁), 1955년부터 1991년을 '제2의 전후'(안정과 성장)로 구분하고 각각의 시기를 국제 정세의 혼란기와 냉전체제의 안정기에 대응시킨다. 그리고 1991년 이후를 '제3의 전후'라 하여 '제2의 전후'를 지탱했던 국제 질서가 붕괴하고 일본의 고도성장이 멈춘 시기로 본다. 이와 함께 전쟁의 기억을 기반으로 한 '제1의 전후'의 잔상(殘像)이 최종적으로 소멸 단계에 들어가 세대교체가 진전된 시기로 본다. 그리고 아시아 각국으로부

터 대일 보상 요구가 대두된 것은 냉전체제의 해체 및 민주화의 영향과 밀접한 관련이 있다고 말한다.[1]

또 도쿄대학 사회과학연구소가 2006년에 '1990년대 일본의 사상변용'이라는 주제로 공동연구를 한 결과물도 있다. 연구 책임자인 히라이시 나오아키(平石直昭)에 따르면, 이 특집은 "종축(縱軸)으로는 일본의 전후 사상사나 서구 및 아시아를 시야에 넣은 20세기 사상사, 즉 보다 장기적인 근현대사상사의 관점으로, 횡축(橫軸)으로는 현대정치이론, 현대문명론, 세계 시스템론 등으로, 종횡 쌍방에서 몇 개의 역사적 시야와 비교의 시점을 분석에 집어넣어 이를 조합함으로써 1990년대의 사상 상황을 입체적으로 해명하려" 하였다.[2]

또 1990년대 전체를 다룬 연구는 아니지만, "1995년이라는 '단점(斷點)'을 입구로 해서 1995년 이후의 일본 사회를 역사적 사정(射程)에 두려는" 문제의식하에 관계자와의 대담을 엮은 책도 있다. 주로 지금 유행하는 '격차사회'의 기점, 즉 신자유주의적 '구조개혁'의 기점으로서 1995년을 상정하고 격차사회와 빈곤의 문화현상으로까지 논의

---

1) 小熊英二, 『〈民主〉と〈愛国〉-戦後日本のナショナリズムと公共性』, 新曜社, 2002, 811~815쪽.
2) 平石直昭, 「1990年代日本の思想変容」, 『社会科学研究』, 58-1, 東京大学社会科学研究所, 2006, 2쪽.

를 확장하고 있다.3) 또 『현대사상』이 기획한 특집 〈1990
년대론〉에서는 1990년대를 "신자유주의 2대 정당화와 일
본의 군사화 및 미일 군사의 일체화, 이와 연동된 개헌 움
직임, 이를 지탱하는 역사관 및 전쟁관의 변용"으로 상정
하고 있다.4)

　　이상의 연구와 필자의 생각 사이에 큰 거리가 있는
것은 아니다. 다만 대체로 냉전 해체 후의 체제 전환기에
지나치게 무게중심을 둔 나머지, 그 전부터 꿈틀거리고
있었던, '전후'의 붕괴를 추동하는 일본 사회 내부의 움직
임에 대한 분석이 충분하지 못하다는 한계는 지적하지 않
을 수 없다. 특히 '전후'가 만들어낸 청년층의 문화적 기제
가, 평화, 민주주의, 고도성장을 내용으로 하는 '전후'라는
가치를 내부에서 어떻게 붕괴시켜 나갔는가, 그리고 그런
흐름이 1990년대 후반에 왜 초국가주의로 이어지게 되었
는가에 대한 분석은 거의 찾아보기 힘들다.

---

3) 中西新太郎, 「序論·1995年から始まる」, 中西新太郎 編, 『1995
年-未了の問題圈』, 大月書店, 2008.
4) 渡辺治, 「構造改革」政治時代の幕開け-政治改革から軍事大国
化·新自由主義へ」; 道場親信, 「「戦後」と「戦中」の間」, 『現代
思想』, 青土社, 2005.12.

1. 냉전체제의 붕괴와 일본

1990년대를 되돌아볼 때, 가장 먼저 떠오르는 것은 1989년부터 시작된 세계적 규모, 엄밀하게 말하자면 유럽을 중심으로 진행된 냉전체제의 붕괴이다. 일반적으로 냉전의 종언은 1989년 12월 2일부터 12월 3일에 걸쳐 지중해의 몰타에서 열린 소련의 고르바초프와 미국 부시의 '몰타 회담(Malta Summit)을 기점으로 삼는다. 이 회담에서 고르바초프는 "세계는 하나의 시대를 극복해 새로운 시대로 향하고 있다. 우리들은 평화로 가득 찬 시대를 걷기 시작했다. 무력의 위협, 불신, 심리적 이데올로기적 투쟁은 이제 과거의 것이 되었다."며 44년간 세계를 두 진영으로 나누었던 냉전체제의 종식을 선언했다. 이로써 세계는 냉전의 질곡에서 벗어나 프랜시스 후쿠야마(Francis Fukuyama)가 말하는 '역사의 종언'으로 향하는 것처럼 보였다.[5] 하지만 '역사의 종언'이라는 장밋빛 미래를 뒤엎는 사건들이 미국과 소련의 '2극 체제' 붕괴 이후 줄지어 일어났다. 1990년 8월 2일에 있었던 이라크의 쿠웨이트 '침공'은 그 대표적인 사례이다. 1991년 1월 17일에는 다국적군이 이라크를

5) 프랜시스 후쿠야마, 『역사의 종말』, 이상훈 옮김, 한마음사, 1992.

폭격했고 같은 해 3월 3일에는 잠정 정전협정이 맺어졌다. 이라크의 쿠웨이트 '침공'은 그 자체로 보면 한 주권국가가 다른 주권국가를 군사적으로 침공한 사건이지만, 이 사건이 중요한 것은 냉전체제하에서 미국과 소련이라는 거대 국가가 전쟁을 조절하고 억제했던 시스템이 더 이상 작동하지 않게 되어 국지전적인 군사적 충돌이 빈번하게 일어날 가능성이 현재화되었다는 점이다. 그리고 아시아에서는 소련이라는 방어막을 잃어버린 북한이 '자주국방'으로 치달아 핵 개발에 착수하였고 결국은 1993년부터 핵 개발 '의혹'이 터져 나왔다.

냉전 해체 후에 진행되는 비(非)서구 지역에서의 일련의 군사적 충돌이나 긴장 고조를 보면, 유럽에서 진행된 냉전 해체가 실제로 아시아를 포함해 전 지구적으로 확대될 가능성이 있었는지에 대해 이론(異論)이 있을 수 있다. 더구나 지금도 지속되고 있는 동아시아의 '열전(熱戰)'적 상황을 고려하면 냉전 해체에 대한 세계사적 의미 부여가 무색해진다. 더 정확하게는, 유럽을 중심으로 한 냉전체제가 동아시아에서는 사실 냉전이 아니라 열전이었다는 해석도 있을 수 있다. 즉 동아시아는 세계적인 냉전체제와 달리, 줄곧 열전 상황에 놓여 있었고, 나아가 서구의 냉전과 아시아의 열전 사이에 유력한 상관관계가 있다는 주장도 논리적으로는 성립된다.[6] 서구를 중심으로 진행된 냉전체제의 해체가 아시아 등의 기타 지역에 물리적으로 '전염'되지 않고 오히려 '열전'적 상황이 더 노골화되었다고 한다면, 그 노골화라는 현상이 서구 지역의 냉전체제 해체와 어떻게 관련되어 있는지를 논증하지 않으면 안 된다. 최근 동북아 지역의 긴장 고조는 이런 논증의 필요성을 더욱 높여준다.

그렇다면 서구 사회의 냉전 해체가 동북아의 열전적 상황을 가속화시켰다는 관점에서 열전적 상황을 만들어 낸 하나의 주체로 일본이라는 국가와 인민을 상정해 볼 필요가 있다. 즉 서구 지역의 냉전 해체가 진행된 1990년대에 일본이라는 주체의 대응이 이른바 '전후'에 대한 평가와 어떻게 이어져 있는지, 그리고 이런 움직임이 동북아의 열전적 상황의 확대와 어떻게 관련되어 있는지를 살펴볼 필요가 있다는 것이다. 이 점과 관련해 하나의 실마리를 제공해 주는 것이 마쓰모토 겐이치(松本健一)의 다음과 같은 글이다.

---

6) 냉전의 논리와 국민국가의 논리가 동아시아에서는 상호 간에 어떻게 관련되는지, 이에 대해서는 권혁태, 「선린학생회관과 중일관계 : 국민국가의 논리와 진영의 논리」, 『중국현대문학』, 제60호, 한국중국현대문학학회, 2012년을 참조.

"'개국(開國)'이란 일본이 자신과 완전히 이질적인 타자(=유럽)에 직면해 그 타자의 '문명'에 자신을 열어 변혁해 나가려 했던 경험이다. 그 제1의 시기가 막말유신기(幕末維新期)일 것이다. 제2가 대동아전쟁 전후, 그리고 제3은 냉전구조가 해체되어 이 국제사회의 한복판에 내쳐진 현재이다."[7]

객관적인 사실 여부와 관계없이 마쓰모토가 표현한 이 위기의식만큼 1990년대 일본 사회의 불안을 적절하게 형용하는 말은 없다. 1990년대는 마쓰모토의 표현대로 "냉전 구조가 해체되어", 일본이 "국제사회에 내쳐진" "개국"이다. 즉 일본에게 냉전 해체는 '내습(來襲)'으로 형용되는 페리 제독의 '구로후네(黑船)'나 패전 후 7년간의 미군 점령에 비견되는 '제3의 개국'인 것이다. 이는 바꾸어 말하면, 평화, 민주주의, 고도성장으로 형용되는 일본의 '전후 번영'이 냉전체제와 불가분의 관계에 있었음을 고백하는 것과 다름없다.

일본의 '전후 번영'을 '냉전형 발전'이라고 할 때, 이를 지탱했던 국제적 조건은 다음 세 가지이다. 하나는 미일 동맹이고, 두 번째는 미국을 정점으로 한 수직적 계열화

---

7) 松本健一, 『開国のかたち』, 岩波書店, 2008, 362~363쪽.

라는 구조 속에서 한국 등이 맡았던 반공 전투기지로서의 역할이다. 그리고 세 번째로는 이 같은 구조를 지탱했던 도쿄재판 역사관이다. 즉 냉전 해체는 미일안보조약 같은 불평등을 감수하면서까지 미국에게 군사기지 및 그 주둔 비용을 제공함으로써 '무임승차'해왔던 기존의 안보론이 더 이상 작동 불가능하다는 것을 깨닫게 만든 사건이었다.

형식논리로 보면, 2극 체제의 한 축이 무너졌으니 미일 동맹 체제에서 벗어나 '자주국방'에 매진하는 길과, 평화헌법에 입각해 완전한 비무장 노선을 취하는 두 가지 길이 있을 수 있었다. 전자가 우파의 주장이라면 후자는 사회당 등과 같은 좌파의 주장이었다. 우파 작가 에토 준(江藤淳)이, 냉전 해체 후 일본은 대미 독립 및 자주국방의 가능성이 있었으나 대미 추수의 길을 걸어 제2의 패전을 맞이했다고 말한 것은 전자의 입장을 대표한다.[8] 에토 준이 말한 것처럼, 결과는 존 아이켄베리(G. John Ikenberry)가 상호구속(相互拘束)이라는 개념을 사용해 미일 관계를 분석했듯이 일본이 미국과의 동맹 체제에서 벗어나는 일은 일어나지 않았다.[9] 오히려 그 긴박(緊縛) 체제는 의미

---

8) 江藤淳,「第二の敗戦」,『文藝春秋』, 1998.1.
9) 白石隆,「今週の本棚:『リベラルな秩序か帝国か 上・下』=G・ジョン・アイケンベリー著」,『毎日新聞』(東京朝刊), 2012.6.17.

를 달리하면서 훨씬 더 강화되어 갔다. 그리고 '전수방위'라는 방어적 역할에 한정되어 있었던 자위대의 군사적 역할이 일본의 영토 범위를 넘어서게 된다. 이는 미국 측의 의향이 강하게 반영된 결과이지만, 한편으로는 국가 일본의 '잠재된' 욕망도 무시할 수 없을 정도로 큰 몫을 차지했다. 미국 등 국제사회의 압력을 '국제공헌론'으로 '변장'시킴으로써, 집단적 자위권 금지라는 틀에 묶여 있던 자위대가 미국의 동의하에 합법적으로 그 틀을 벗어날 수 있게 되었기 때문이다. 실제로 걸프전쟁 이후 자위대의 외연은 점차 확대되어 간다. '군대 아닌 군대'에서 명실상부한 '군대'로 바뀌어 간 셈이다. 이에 반해 혁신 진영이 주창해 왔던 자위대 해체와 미일안보조약 폐기라는 명분론은 냉전 해체 전에 이미 형해화되고 있었지만, 냉전 해체 후 현실에서 더욱 외면 받게 된다. 혁신 진영의 절대적 비무장주의라는 명분이 사실은 냉전체제의 산물, 즉 냉전이라는 조건 속에서 피어난 '온실 속의 꽃'이었다는 점이 역설적으로 백일하에 드러난 셈이다.

두 번째는 지금까지 한국의 군사독재 정권이라는 방파제를 통해 북한 등과의 직접 대면을 회피해 오던 전략이 한국의 민주화와 북핵 의혹으로 더 이상 작동 불가능하다는 위기감이다. 이후 '납치' 문제의 부상과 북한 '때리기'는 이런 위기감의 증폭과 무관하지 않다. 세 번째는 한국의 민주화 등으로 만들어진 '열린 정치 공간'하에서, 반공 군사독재 정권하에서 물리적인 폭력으로 억압받아 왔던 식민지 피해자들이 제 목소리를 내면서, 도쿄재판 사관에 입각한 전후 체제의 역사 인식에 근본적인 문제 제기가 이루어졌다는 점이다. 즉 1990년대의 위기란 도쿄재판, 샌프란시스코조약, 미일안보조약에 의해 지탱된 전후 체제의 위기이다.

2. '55년 체제'의 붕괴

이런 위기에 대해 한편에서는 냉전체제 수혜자로서의 지위, 다시 말하면 '전후'를 유지, 연명하려는 시도가, 다른 한편에서는 '전후'를 부정하고 정치적 '새판 짜기'를 시도하는 움직임이 서로 얽혀 나타나기 시작했다. 그 결과가 그동안 보수-혁신을 대표하는 자민당, 사회당이라는 두 거대 정당의 균형 위에서 작동했던 이른바 '55년 체제'의 붕괴이다. 그리고 자민당, 사회당이라는 두 거대 정당의 균형이 무너지자 신당 창당, 분열, 재창당 등의 '이합집산'이 어지럽게 이어진다. 정당체제의 유동화가 시작된 것이다. 예를 들면, 2009년 선거를 통해 집권한 민주당 정권은 2012년 선거에서 참패함으로써 3년 만에 자민당에게 정권을 내주었다. 좋게 보면, 보수와 리버럴 양당이 서로 정권을 주고받는 미국식 정당체제가 자리를 잡은 것처럼도 보인다. 이런 견해의 당부(當否)는 제쳐두고 이런 정당체제의 기원이 바로 1990년대이다. 자민당 일당 장기집권과 사회당의 만년 제1야당이라는 구도를 특징으로 하는 보수혁신의 55년 체제가 1993년 선거에서 처음으로 무너졌기 때문이다. 그리고 1996년 선거부터 소선구제가 실시되었다. 그렇다면 55년 체제의 붕괴와 정당체제의 유동화로 이어지는 1990년대의 상황은 냉전 해체와 어떻게 관련되어 있을까?

호헌파(사회당 등)와 개헌파(자민당 등)의 대립 및 공존이라는 조건하에서 '군대 아닌 군대' 자위대와 미일 동맹 체제가 자리하고, 자민당과 사회당으로 구분되는 보수혁신의 대립 및 공존 체제가 이를 지탱하고 있었던 것이 일본 '냉전형 발전'의 특징이라 한다면, 냉전 해체가 이런 구조에 영향을 미치는 것은 당연한 일이다. 그 영향을 정당체제의 영역과 헌법 문제를 중심으로 한 안보론의 영역에서 살펴보자.

정당체제와 관련해서 보면, 1993년 총선거에서 무려 38년 만에 자민당의 장기 집권이 무너지고 동시에 자민당의 대척점에서 이른바 '55년 체제'를 이끌어왔던 일본 사회당이 자민당 이상의 '참패'를 기록했다. 이런 의미에서 1993년 총선거는 일본 정치사에서 매우 획기적인 의미를 지닌다. 강령상으로 '전투적 사회민주주의(미일안보조약 및 자위대 폐기론)'와 반(反)복지론를 주창했던 사회당은 시민파의 대두에 발맞추어 '신선언'(1986년)을 채택하고 1995년에는 '95년 선언'을 통해 미일안보조약과 자위대를 인정하는 등, 급격하게 우선회하였지만 이 우선회 과정은 동시에 몰락의 과정을 의미하였다. 또 자민당은 미국의 요구에 부응해 보수-리버럴 2대 정당제로의 전환을 모색하지만 오랜 분열의 길을 걷게 된다.

즉 냉전체제를 세계적인 보수-혁신의 대립 및 공존 체제라 한다면, 유럽에서 진행된 진영 해체가 일본 국내에서는 양당체제의 약체화로 나타난 셈이다. 이는 '55년 체제'가 냉전체제와 불가분의 관계에 있었음을 보여준다. 이후 비자민·비공산 연립 일본신당 호소카와 모리히로(細川護熙) 내각(1993.8.9.-1994.4.28.), 비자민·비공산 연립 신생당 하타 쓰토무(羽田孜) 내각(1994.4.28.-1994.6.30, 수상 지명 직후 사회당 이당), 자민·사회·사키가케 연립

사회당 무라야마 도미이치(村山富市) 내각(1994.6.30.-1996.1.11.)에 이르기까지, 즉 1993년 8월부터 1996년 1월까지 약 2년 반 동안 비자민 비공산 정권(무라야마 내각은 자민당과의 연립내각)이 지속되었다.

그런데 자민당과 사회당의 참패, 즉 '55년 체제'의 붕괴를 이끈 주체가 '일본신당(Japan New Party)'이라는 신생 정당이라는 점이 매우 특기할 만한 사항이다. 일본신당은 잘 알려져 있는 것처럼 구마모토(熊本) 지사 출신 호소카와 모리히로(細川護熙)의 사당적 성격이 강하다. 그래서 일본신당을 일컬어 호소카와의 '개인 상점'이라는 비아냥까지 나올 정도이다.[10] 실제로 당 운영자금의 거의 대부분을 호소카와의 개인 자산에 의존하는 등, 공당으로서의 성격이 매우 약한 정당이었다. 그런데 조직다운 조직도 없는 이 신당이 1992년 7월 26일에 열린 제16회 참의원 선거 비례구에서 공인 후보자 17명을 내세워 총 362만 표(득표율 7.73%)를 획득해 총 4명의 당선자를 낸 데 이어, 1993년 11월 니가타(新潟) 현 시라네(白根) 시장 선거에서는 일본신당 후보자가 자민당과 사회당 후보자를 물리치고 당선하였다. 그리고 이어 6월 27일에는 도쿄 도의회 선거에

<hr />

10) 橋本五郎・加藤秀治郎・飯田政之『図解・日本政治の小百科』, 一藝社, 2002, 153쪽.

서 22명의 공인 후보자를 내세워 20명을 당선시킴으로써 추천 후보를 포함해 제3당의 지위에 올라섰다. 또한 1993년 7월 30일 제40회 중의원 선거에서는 총 57명의 후보자 중 37명을 당선시켜 국회 내에서 제5세력의 자리에 올라섰다. 이어 비자민 연립내각을 구성해 8월 9일 역사적인 정권 교체에 성공하게 된다. 일본신당은 다음 해 4월 25일에 호소카와 내각이 총사임하고 6월 30일에는 자민, 사회, 신당 사키가케가 구성한 연립내각에 참여하지 않았다. 이로써 여당에 머무른 시기는 약 1년여에 그쳤고 결국 1994년 10월에는 정당을 해산하게 된다. 3년여의 짧은 기간으로 단명한 일본신당이 눈길을 끄는 것은 이 정당이 노조 의존적인 사회당과 이익집단 의존적인 자민당의 집표 형태와는 다르게, 이른바 소비사회와 도시화에 바탕을 둔 비조직적 개인을 기반으로 한 시민사회형 정당의 가능성을 보여주었기 때문이다. 하지만 동시에 이런 사회 변화의 움직임을 구체적인 정당 건설로 이끌어낸 호소카와의 발상의 기저에는 냉전 해체라는 국제적 조건의 변화가 깔려 있었음을 잊어서는 안 된다. 이 점과 관련해서 호소카와는 일본신당의 모태가 된 '자유사회연합 결당 선언'(1992년)에서 다음과 같이 말하고 있다.

"1955년 보수 합동과 사회당의 통일에 의해 형성된 전후 일본의 '보수·혁신 대립'의 정치체제(소위 '55년 체제') 및 그 기반인 정관산(政官産) 복합체로서의 집권적 국가 시스템은 따라잡기형 근대화 시대 및 동서 냉전의 종결과 함께 그 역사적 역할을 끝냈다."11)

그는 이른바 자민당과 사회당의 2대 양당체제를 특징으로 하는 55년 체제가 냉전의 산물이라는 점을 누구보다 빨리 감지하고 냉전 해체가 일본에 새로운 정당의 가능성을 열어줄 것이라 보았다. 동시에 국가주도형 발전 전략이 시장주도형 구조로 바뀔 것이라 예상했다. 그래서 이런 변화에 걸맞는 정당으로 일본신당을 내세운 것이다. 이런 의미에서 그는 진보-혁신 구분의 유동화, 다당화, 정당체제의 불안정화, 신자유주의의 대두로 특징지어지는 2000년대 이후의 현상을 누구보다 빨리 선취하였다고 볼 수 있다.

호소카와와는 다른 차원에서 냉전 해체를 정치 개혁의 계기로 삼으려 했던 사람이 바로 오자와 이치로(小沢一郎)이다. 그는 냉전 해체 직후 '전후' 일본을 '핸디캡 국가'라고 규정하고 '보통국가'로의 변신을 주장한다. 집단적

---

11) 細川護熙,「「自由社会連合」結党宣言」,『文藝春秋』, 1992.6, 95쪽.

자위권 금지와 전수방위 원칙 때문에 경제 대국에 걸맞는 군사적 리더십 발휘가 어렵다는 판단을 그는 걸프전쟁의 경험에서 확인한다. 그래서 '군사 공헌=국제 공헌'을 할 수 있도록 헌법을 개정해 '핸디캡 국가'에서 '보통국가'로 변신하자고 주장한다. 다만 기존의 평화주의의 유산을 계승하기 위해 군사적 국제 공헌을 "유엔을 중심으로" 하되, 헌법 해석을 둘러싼 무모한 논쟁을 피하기 위해 헌법 9조에 제3항을 추가 신설해(소폭 개헌) 자위대를 합헌화하고 국제적인 요청이 있을 경우에는 자위대가 국외에서 국제연합군으로 활동할 수 있도록 하자는 내용을 담았다. 또 헌법 개정이 어렵다면, '평화안전보장기본법'을 제정해 "모든 주권국가의 고유한 권리로서, 일본이 개별적인 자위권을 가지고 이를 위한 최소한의 군사력으로 자위대를 가지는 일과, 유엔의 일원으로서 평화유지활동에 적극적으로 협력하며 이를 위한 유엔대기군을 가지는 일을 명기"하자고 주장한다.[12] 물론 그는 2006년에 낸 『오자와이즘』에서 이상과 같은 헌법개정론이나 법률제정론에서 후퇴하지만[13], 그가 열어놓은 헌법 개정의 '문'은 2000년대 이후 본

---

12) 오자와 이치로, 『日本改造計画』, 방인철, 김현진 옮김, 지식산업사, 1994, 130~132쪽.
13) 오자와 이치로, 『오자와이즘 ─도전하는 청년에게 고함』, 이원덕, 최고은 옮김, 논형, 2009, 130~131쪽.

격적인 헌법개정론으로 이어지는 발판이 되었다.

　호헌파의 이미지가 강한 리버럴 세력 중에서도 냉전 해체 등 국제 정세의 변화를 일본의 변화로 이끌어내려는 움직임이 등장하였다. 그중 하나가 이른바 '평화기본법' 구상이다. 『세카이(世界)』 1993년 4월에 '평화기본법을 만들자'는 공동 제언의 형태로 등장한 이 구상은 당시 일본 사회를 대표하는 리버럴 지식인 고세키 쇼이치(古関彰一), 스즈키 유지(鈴木佑司), 다카하시 스스무(高橋進), 다카야나기 사키오(高柳先男), 마에다 데쓰오(前田哲男), 야마구치 야스시(山口定), 야마구치 지로(山口二郎), 와다 하루키(和田春樹), 쓰보이 요시아키(坪井善明)에 의해 제창되었다. 이 제안에서 이들은 해석개헌에 의해 현실화, 비대화된 자위대의 군사력과 국제적 역할을 기존의 호헌(자위대 해체) 논리에 의해서는 해결 불가능하다는 판단하에, 자위대에 법률적 근거를 부여하되 평화헌법의 유산을 계승해 자위대의 역할에 법률적 제한을 두려 했다. 즉 자위대를 축소하거나 재편해 평화적인 국제 공헌의 기구로 만들겠다는 구상이었다.[14] 이런 구상에는 물론 혁신 진영의

---

14) 古関彰一・鈴木祐司・高橋進・高柳先男・前田哲男・山口定・
　　山口二郎・和田春樹・坪井善明 共同提言, 「『平和基本法』をつ
　　くろう―平和憲法の精神に沿って　自衛隊問題を解決するため

위기를 돌파하려는 리버럴 지식인들의 고민이 담겨 있지만, 다른 한편으로는 소수 정당으로 연립정권에 참여한 사회당의 현실화(우선회) 영향도 있었을 것으로 추정된다. 이 구상의 특징은 '자위대 문제를 해결하기 위해'라는 부제에서 알 수 있듯이, 한편으로는 무장을 금지하고 있는 헌법(명분)과 자위대의 기묘한 동거(현실)를 해석개헌으로 돌파해온 기존 자민당 정부의 노선을 일부 받아들이면서, 다른 한편으로는 평화헌법이 담고 있는 비무장평화주의의 가치를 계승한다는 일견 상호모순적인 조건 속에서 자위대를 제한적으로 합헌화하려 했다는 점에 있다. 따라서 이 같은 구상은 자위대와 미일안보조약 폐기를 절대적인 명분적 가치로 삼았던 기존의 리버럴 좌파의 후퇴를 상징하는 한편, 2000년대 이후에 전개되는 우파의 해석개헌의 실질적 확대 및 고정화, 나아가서는 명문 개헌 움직임에 일종의 빌미를 제공한 측면이 있다. 따라서 비자민 연립정권의 붕괴 이후, 특히 사회당의 몰락과 함께 '평화기본법' 구상은 그 아이디어의 참신성 여부와 관계없이 급격하게 힘을 잃어 간다.

に」, 『世界』, 岩波書店, 1993. 4.

3. '사과'를 통한 '봉합'

냉전 해체 후, 정당체제의 유동화, 헌법개정론의 대두 등과 아울러 또 하나 주목해야 할 것은 '전후'가 낳은 모순을 체제 내로 흡수해 '전후'를 보완하고 이를 다시 이어가려는 움직임이 나타났다는 점이다. 이른바 '타협'과 '봉합'의 시대라고 볼 수 있다. 나리타(成田)공항 문제, 미나마타(水俣)병, 아이누 문제, 수혈로 인한 에이즈 환자 문제, 식민지 지배 책임 문제, 위안부 문제 등, 일본이라는 국가가 일으킨 사건들에 대해 국가책임과 국가배상을 인정하지 않은 채로 '사과' 발언을 통한 '매듭짓기'가 하나의 방식으로 등장하고 자리를 잡은 시기였다.

특히 냉전 해체 후, 주변 지역의 민주화로 형성된 '열린 정치' 공간하에서, 그동안 독재정권하에서 억압받아 왔던 식민지 피해자가 국가의 논리와는 별개로 자신들의 목소리를 내기 시작했다는 점이 중요한 배경으로 작용했다. 대표적인 사례가 바로 식민지 지배 책임론이다. 식민지 지배 책임론이 본격적으로 등장하게 된 계기는 물론 1990년대 초 '위안부' 김학순의 고뇌 어린 자기 고백이자 고발이지만, 일본과 관련해서 중요한 것은 이 폭로를 통해 일본의 '전후'와 식민지 피해자들의 '희생'이 상호 간 불가분의 관계에 있다는 점이 본질적으로 드러났다는 점이다. 이런 의미에서 김학순의 고백은 '전후'의 붕괴를 상징하면서 동시에 '전후' 번영에 대한 근본적인 문제 제기였다. 따라서 이에 대한 대응은 '전후'의 자기부정 내지 전면 부정을 전제로 하여야 하는 것이었지만, 이때 국가 일본이 택한 길은 오히려 '전후'를 보완해 연명하는 방식이었다. 호소카와 담화(1993), 고노 담화(1993년), 무라야마 담화(1995년)로 이어지는, 식민지 지배와 위안부에 대한 '사과' 발언은 이러한 방식을 대표한다. 즉 '사과'는 하되, 국가책임 및 보상을 인정하지 않는 방식이다. 나카노 도시오(中野敏男) 등이 말하고 있는 바와 같이, 위안부 문제를 해결하기 위해 설치된 '국민 기금' 구상은 일본의 '전후'에 구축된 국가 간 질서를 부동의 것으로 전제하고 그 질서를 위협하지 않는 범위 내로 식민지 피해(자)를 가두어버리는 방식이었다. 이런 의미에서 '전후'의 연명책이었다.[15] 즉 '사과' 외교와 '국민 기금' 방식은 국가책임, 국가배상을 부정하고 '봉합'을 통해 '전후'가 낳은 모순을 체제 내로 흡수해

---

15) 자세한 내용에 대해서는 나카노 도시오, 김부자 편, 『역사와 책임 - 위안부 문제와 1990년대』, 이애숙, 오미정 옮김, 도서출판 선인, 2008을 참조.

'전후'를 이어가는 방식이었던 셈이다. 이 무렵부터 식민지 지배 책임 문제는, '전후'에 대한 근본적인 문제 제기라는 방향을 잃고 국가 책임자의 '사과' 발언 여부나 그 수위를 둘러싼 쟁점으로 왜소화되어 표류하게 된다.

이 같은 '사과'를 통한 '봉합' 방식은 위안부 문제나 식민지 지배 문제에서만 발견되는 것이 아니다. 예를 들면 미나마타병(水俣病)에서도 같은 방식이 보인다. 미나마타병의 표면화 시점이 "이제는 전후가 아니다."라는 선언이 나온 1956년과 같다는 점은 매우 시사적이다. 전후의 번영과 미나마타병이 분리 불가능한 문제라는 점을 보여주는 것이다. 미나마타병 연구자 하라다 마사즈미(原田正純)는 고도성장이 낳은 '풍요로움'과 동전의 양면을 이루는 이른바 '기민(棄民)'의 대표적인 사례로 미나마타병을 언급하면서 다음과 같이 잇는다.

"미나마타병은 거울이다. 이 거울은 사람에 따라서 깊게도, 얕게도, 평탄하게도, 입체적으로도 비친다. 거기에는 사회의 구성 원리나 정치형태, 그리고 각자의 삶의 방식까지 모든 것이 잔혹할 정도로 비추어져 있다."16), "처음 미나마타

---

16) 原田正純, 『豊かさと棄民たち—水俣学事始』, 岩波書店, 2007, 121쪽.

를 찾았을 때, 심각한 증상은 말할 것도 없고, 환자들이 놓여 있는 환경, 빈곤, 차별의 참혹함에 충격을 받았다. 그 때 나는 단순히 미나마타병이 발병했기 때문에 차별이 일어난 것이라 생각했다. 그러나 이 생각이 틀렸다는 것을 나중에 깨달았다. 차별이 있는 곳에 공해가 일어났다는 것을 경험에서 배운 것이다."[17]

즉 차별을 온존하고 이를 중요한 구성 요소로 삼은 일본의 '전후'가 미나마타병과 그 환자들에 대한 차별을 낳았다는 것이다. 뒤에서 자세하게 언급하지만, 옴진리교 교주 아사하라 쇼코(麻原彰晃)가 사실은 국가로부터 인정받지 못한 미나마타병 환자였고, 아사하라의 '신체적 불행'이 옴진리교 결성의 배경으로 작용했다는 점을 생각하면, '전후'와 미나마타병의 상관관계에 대한 하라다의 주장은 또 다른 의미에서 설득력이 있다.

그런데 이 마나마타병에 대해 국가 일본이 공식적으로 '사과' 발언을 한 것이 바로 1995년이다. 당시 총리 무라야마 도미이치는 "저는 고통과 무념(無念)을 품고 돌아가신 분들에게 깊은 애도의 염을 바침과 동시에 다년간 필설로도 다하지 못한 고뇌를 강요당한 많은 분들의 치유

---

17) 原田正純, 『豊かさと棄民たち―水俣学事始』, Ⅶ-Ⅷ.

되지 않은 심정을 생각할 때, 진심으로 죄송한 마음입니다."라는 '사과' 발언을 했지만 국가책임을 직접 인정하지는 않았다. 대신에 피해자들이 소송을 취하하는 조건으로 미나마타병 환자 12,700명을 인정하는 조치를 단행했다. 국가책임을 인정하는 사법부의 최종 판결이 나온 것은 이로부터 9년이 지난 2004년이다. 사건 발생 후 무려 48년 만의 일이다.

나리타(成田)공항 문제도 마찬가지이다. 1966년 정부가 나리타 산리즈카(三里塚) 지역에 지금의 나리타공항 건설을 일방적으로 결정하자 이에 대항해 현지 농민들이 같은 해에 '산리즈카 공항 반대 동맹'을 결성했다. 이후 양자 간의 대립 갈등은 물리적인 폭력 사태까지 포함해 끊임없이 반복되어 왔다. 의회 민주주의를 표방한 '전후'의 다른 면을 보여주는 대표적인 사례이다. 1978년에 공항은 겨우 문을 열었지만 문을 열고 난 지금까지도 근본적인 문제 해결에는 이르지 못한 상태이다. 그런데 이러한 나리타공항 문제에서 변화가 나타난 것도 1995년이다. 1991년 11월부터 스미야 미키오(隅谷三喜男) 도쿄대 명예교수 등 4명의 지식인(이른바 '스미야 조사단') 주재로 15회 개최된 나리타공항 심포지엄과 1993년 9월부터 12회에 걸쳐 개최된 '나리타공항 문제 원탁회의'에서 나리타공항 문제 해결을 민주적 절차하에 진행해야 한다는 권고가 나왔다. 그리고 이를 받아들인 무라야마 도미이치 수상이 일본 정부를 대표해 일본 정부가 공항 건설 과정에서 취했던 강경한 자세에 대해 '사과'했다. 물론 이 '사과'를 둘러싸고 반대 동맹은 또 한 번의 분열을 경험하게 되지만, 일방적이고 강권적인 정부 결정이 잘못되었음을 일본 정부가 처음으로, 그리고 공식적으로 인정한 것이다. 즉 '국가의 굴복'인 셈이다. 하지만 역시 국가책임이나 국가배상을 인정하지는 않았다.

또 아이누 사람들의 아이덴티티를 송두리째 앗아간 악명 높은 '홋카이도 구(舊)토인 보호법'이 폐지되고 이를 대신한 '아이누문화진흥법(아이누 문화의 진흥 및 아이누의 전통 등에 관한 지식의 보급 및 계발에 관한 법률)'이 제정된 것도 이 무렵(1997년)이다. 하지만 인명과 재산을 빼앗은 침탈의 역사에 대해 국가 일본이 직접적인 책임을 인정하거나 이에 대한 보상을 인정하는 것은 아니었다. 오히려 아이누의 정치경제적 권리를 배제하고 아이누를 문화 퍼포먼스 집단으로 한정해, 좁은 의미의 문화론적 범주에 아이누 문제를 가두어 놓으려는 시도였다고 볼 수 있다.[18]

이렇게 보면, 1990년대 중반에 이루어진 일련의 정부

조치에는 공통점이 엿보인다. 피해자 등에 대해서 '사과'는 하되 국가책임이나 국가배상을 인정하지 않는다는 점이다. 즉 역사적, 법적 책임과 도의적 책임을 분리해 전자를 회피하고 후자로 수렴시켜 피해자의 분단을 꾀하고 피해자의 일부를 '국민화'의 틀에 포섭함으로써 '전후'를 연명하려는 방식이었다고 볼 수 있다.

하지만 이 같은 타협이나 '봉합'조차도 실제로 효과를 거두지 못했다. 즉 '사과'를 통해 국가책임 및 국가배상을 회피하려는 해결 방식이 실제로는 제대로 작용하지 못했다는 것이다. 일본 밖 피해자들의 반발은 당연한 반응이었지만, 그보다도 중요한 것은 일본 사회가 이런 '봉합'조차도 받아들일 수 없을 만큼 '오른쪽'으로 선회해 나갔다는 점이다. 예를 들면 후지오카 노부가쓰(藤岡信勝) 도쿄대 교수가 중심이 된 '자유주의사관연구회'가 창립된 것이 바로 1995년이다. 그리고 이것을 모태로 하여 역사 및 공민 교과서 운동으로 확대된 '새로운 역사 교과서를 만드는 모임'('새역모')이 만들어진 것도 1997년이다. 고바야시 요시노리의 만화『전쟁론』이 대중적인 인기를 얻은 것도 이 무렵이다. 이들 단체는 냉전 해체라는 위기 속에서 초기

---

18) 나리타 문제와 아이누 문제에 대한 자세한 내용은 권혁태, 『일본의 불안을 읽는다』, 교양인, 2011을 참조.

에는 기존의 우파와 달리, '대동아전쟁긍정론'이나 '도쿄재
판 사관' 등에 모두 비판적인 입장을 취했으나 점차 '역사
수정주의', '황국사관'으로 경도되었고, 또 새로운 풀뿌리
내셔널리즘과 결합하면서 기존의 우익 단체들과 또 다른
시민운동적인 성격을 지니게 된다.[19] 그리고 기존의 전통
적인 우파에 위와 같은 새로운 세대의 내셔널리즘이 결합
하면서 '혐한류'나 '혐중론' 같은 광신적 인종주의 집단의
흐름을 형성하게 된다.

또 역사 인식 논쟁을 일으킨 가토 노리히로(加藤典
洋)의 '패전후론(敗戰後論)'이 『군조(群像)』에 발표된 것도
1995년이다. 그는 이 글에서 일본의 '전후'가 지킬과 하이
드 같은 개헌파와 호헌파의 인격분열, 즉 '비틀림' 상태에
놓여있다고 하면서, 일본의 '전후'에는 침략과 식민지 지
배 문제에 대해 아시아 지역 등에 사과하는 주체, 즉 '일본
인'이라는 주체가 결여되어 있으니 "300만 명의 일본인 사
자(死者)를 먼저 애도하면 그 애도를 통해 아시아 2천만
명의 사자에 대한 애도와 사죄로 이어질 수 있지 않을까?"[20]

----

19) '새역모' 등의 우파 단체의 탄생 배경에 대해서는 권혁태, 「교과
서 문제를 통해 본 일본사회의 내면 읽기」, 『역사비평』, 55호,
역사비평사, 2001 참조. 새로운 풀뿌리 내셔널리즘과의 결합에
대해서는 小熊英二/上野 陽子, 『"癒し"のナショナリズム—草
の根保守運動の実証研究』, 慶應義塾大学出版会, 2003 참조.

라고 발언해 큰 파장을 일으켰다. 이 주장의 문제점에 대해서는 다카하시 데쓰야(高橋哲哉) 등의 반론[21]이 있으니 이 책에서 자세한 언급은 하지 않겠다. 다만 가토가 일본의 전후 체제를 '내셔널리즘의 붕괴=일본인이라는 주체가 해체된 것'으로 간주해 일본의 '전후'가 마치 내셔널리즘과 무관하거나 혹은 내셔널리즘을 금압했던 사회였다고 여긴 점, 그리고 일본의 '전후'가 "300만 명의 일본인 사자를 먼저 애도하지 않았던" 사회였다고 하는 점 등에 대해서는 그 관점은 말할 것도 없고 사실관계에서도 많은 문제점을 내포하고 있음을 지적하지 않을 수 없다.

하지만 더욱 중요한 것은 가토의 주장이 1992년 나카소네 야스히로(中曾根康弘)의 발언과 매우 흡사하다는 점이다. 나카소네는 냉전 해체 직후에 "내셔널 아이덴티티는 불가피하고 불가결한 것으로 공연히 승인되어야 하는데" "전후 민주주의는 개인을 지나치게 중시한 나머지", "네이션 스테이트(nation state)에 불가결한 내셔널리즘을 금압해 왔다. 냉전체제가 붕괴된 지금이야말로 그 족쇄에서 벗어나야 한다."[22]라고 말했다. 즉 그가 수상 시절에

---

20) 카토우 노리히로, 『사죄와 망언 사이에서』, 서은혜 옮김, 창작과
비평사, 1998.
21) 다카하시 데쓰야, 『역사인식논쟁』, 임성모 옮김, 동북아역사재
단, 2009.

줄곧 말해 왔던 '전후 정치 총결산'의 속내가 드러난 셈이다. 전후 체제가 내셔널리즘을 금압해 왔다는 그의 주장은 역사적 사실에 반하는 주장이지만, '나카소네=가토'의 발언을 이어서 생각하면, 우파가 냉전 해체를 국가의 '위기'로 보고 이를 돌파하기 위해 일본이라는 국가를 내셔널리즘이라는 틀로 더욱 강하게 묶어내려 했던 것만큼은 분명해 보인다. 미국의 일본 전문가 존 다우어가 1990년대 초반의 일본 상황을 "소멸 직전의 민주주의"[23]라고 말한 것은 냉전 해체라는 위기 상황 속에서 이에 대한 대응으로 등장한 내셔널리즘의 고양이 민주주의를 얼마나 제약할지를 우려했기 때문이다. 존 다우어의 우려는 그 후 점차 현실화된다.

---

22) 中曾根康弘, 「戰後ナショナリズムの蹉跌」, 中曾根・村上・佐藤・西部, 『共同研究「冷戰以後」』, 文藝春秋, 1992(中西新太郎 編, 『1995年-未了の問題圈』, 大月書店, 2008, 15쪽에서 재인용).

23) ジョン・ダワ-, 「日本、この半世紀」, 『世界』, 岩波書店, 1995.1. (中西新太郎 編, 『1995年-未了の問題圈』, 大月書店, 2008, 15쪽에서 재인용).

4. '잃어버린 세대'의 기원

이렇게 보면, 냉전 해체라는 위기적 상황 속에서 '전후'의 본질적 모순이 드러나고 이에 대한 대응으로 한편에서는 '전후'의 보강, 연명, 복원, 다른 한편에서는 '전후'의 '극복'이 등장했던 것을 알 수 있다. 하지만 이미 '전후'는 붕괴되고 있었다. 즉 냉전 해체 후 새로운 질서의 구획이 모색되고 있는 가운데, 전후 질서를 내부에서 와해시키는 움직임이 꿈틀거리고 있었다. 그 움직임의 주체는 기존의 정당에 포섭되지 않은, 즉 탈정당화, 탈정치화된, '조직되지 않은', '새로운 세대'였다.

이렇게 된 데는 물론 1990년대라는 시대 상황이 한몫을 했다. 특히 1990년부터 시작해 지금까지 이어지는 장기 불황, 이른바 '헤이세이(平成) 불황'으로 표현되는 이 불황의 시대가 '불침항모'임을 의심치 않았던 일본의 거주자들에게 고도성장, 풍요로움을 특징으로 하는 '전후'가 종언했음을 알렸다. 그리고 이에 대한 대책으로 등장한 것이 이른바 금융 자유화, 규제 완화, 고용 시장 유동화로 대표되던 신자유주의적 개혁이었다. 세계로부터 칭송받았던 일본형 코포라티즘은 더 이상 작동할 수 없게 되었고 광풍처럼 불어닥치는 글로벌리제이션의 물결에 장기고용, 연공서열, 기업별 노동조합이라는, 일본적 경영에 바탕을 둔 기업사회적 공동체가 무너졌다. 그 결과 중산층 신화가 힘을 잃었고 양극화를 의미하는 '격차사회'가 화두가 되었다.

'잃어버린 10년'으로 표상되는 1990년대 불황 속에서, 경제적 풍요로움을 배경으로 1980년대에 절정을 맞이했던 포스트모던론, 소비사회론, 서브컬처론은 힘을 잃거나 방향을 틀게 되었다. 코스모폴리터니즘을 주창하던 1970년대 이래의 '새로운 문화'는 계속되는 경제 불황 속에서 소비사회가 지속 불가능해지자 내셔널리즘의 품속으로 귀의(歸依)하였다. 1980년대까지 작동했던 '새로운 문화'의 코스모폴리터니즘이 사실은 경제성장에 의해 지탱된 소비사회의 산물임을 자기 고백한 셈이다. 옴진리교, 소년범죄, 묻지마 살인 등과 같은 '이해 불가능'한 사건들이 터져 나왔고 이에 더해 한신대지진 같은 자연재해도 발생했다. 포스트모던을 구가하던 1980년대 거품경제기의 '여유' 따위는 찾아볼 수 없게 되었다. 이 대목에서 아마미야 가린(雨宮処凛)이라는 작가의 '체험적 1990년대론'을 인용해보자.

"나는 이대로 30세가 되어도, 40세가 되어도, 50세가 되어도 시급 800엔에서 1000엔 정도의 일회용 노동력으로 살아갈 수밖에 없는가? 절망이라기보다는 미래가 완전히 차단된 느낌이다. 그 무렵 옴진리교에 의한 지하철 사린 사건이 일어났다. 이 사건에 나는 '열광'했다. 무엇보다 충격을 받은 것은 나와 같은 세대의 젊은이들이 '종말사상'으로 무장하고 이를 수행하는 모습이었다. 프리터였던 나에게 없던 것을 옴진리교 신자들은 모두 손에 쥐고 있었다. 나에게 없던 것. 그건 한마디로 '사는 의미'였다. 저임금의 단순 노동력으로만 이 세상에 존재했던 나는 '생명의 제대로 된 사용법'을 갖고 싶어 안달이 날 정도였다. 그게 무엇일까? 옴진리교의 젊은이들은 그 모든 것을 마치 손에 넣고 있는 듯이 '세계를 구한다'는 엄청난 이야기 속에 존재했다."[24]

"전후 일본이 낳은 '정체불명의 것'에 불안을 느끼고 '누구든 피해자가 될지도 모른다'며 공포에 떤 해, 세기말을 향한 '카운트다운'이 '아마겟돈'이라는 말과 함께 본격적으로 시작된 해, 그리고 원조교제, '끝없는 일상'. 그런 1995년. 나는 새까맣게 타버린 벌판에 홀로 내동댕이쳐진 기분이었다. 눈에 보이는 풍경은 완전히 일상인데 그곳은 틀림없이 '폐허'였다. 건물도, 거리도 이전과 변함이 없는데 이를 지

---

24) 雨宮処凜, 「ようこそ！バブル崩壊後の焼け野原へ」, 中西新太郎, 『1995年 - 未了の問題圏』, 大月書店, 4쪽.

탱하던 토대가 무너져 있는 것이다. 그런 버블 붕괴 후의 쓰레기 더미 위를 어디로 갈지도 모르는 채로 그저 한없이 걷기만 하다 자빠지는 것이었다."[25]

아마미야는 1975년에 홋카이도에서 태어났다. 사춘기에 이지메, 등교 거부, 가출, 자살 미수를 반복하고, 10대 후반에는 연예인 꽁무니를 따라다니는 오빠부대도 경험했다. 대학 입시에도 두 번이나 실패했다. 그 후 아마미야는 아르바이트로 생계를 이어가면서 '평화'를 구가하던 일본과 자신의 한없는 '격차'를 실감한다. 자신은 이렇게 힘든데 사회는 '평화'라고 하니, 아마미야에게 남은 선택지는 두 가지였다. "자신이 나쁘다"고 하거나, 아니면 사회가 잘못되었거나. 아마미야는 후자를 선택한다. 즉 사회에 문제가 있다고 본 것이다. 그리고 아마미야는 우익 단체에 들어간다. 그러다가 일본 헌법을 읽고 우익 활동에 회의감을 느껴 이를 그만둔 다음, 자신의 인생 역정을 기록한 책을 출판해 베스트셀러 작가로 활동하게 된다.[26] 그는 왜 옴진리교에 공감을 하게 되었을까? 그리고 왜 좌파 단체가 아니라 우익 단체에 들어갔을까? '반전 평화'를

---

25) 雨宮処凛, 「ようこそ！バブル崩壊後の焼け野原へ」, 7~8쪽.
26) 권혁태, 『일본의 불안을 읽는다』, 「잃어버린 세대」 참조.

주장하는 기존의 좌파 단체가 그에게는 자신의 불행한 삶을 지탱하는 기성 체제의 하나로 보였을 것이다. 즉 '반전 평화' 같은 기존 리버럴 좌파의 '올바른 상투어'는 그에게 오히려 타도 대상의 언어로 다가왔다. 1990년대의 '잃어버린 세대'에게 기존 좌파 단체의 언어는 전혀 매력적이지 않았던 셈이다. 이런 의미에서 본다면 1990년대에는 '전후'라는 가치체계가 적어도 청년층에게는 기능부전 상태에 놓여 있었다고 봐야 한다. 하지만 '전후'의 기능부전 상태가 냉전 해체 후인 1990년대에 나타난 현상이 아니라, 이미 1970년대부터 일본 사회 내부에서 진행된 사회변동의 결과라는 점을 무시해서는 안 된다. 이 점을 청년층의 탈정치화, 탈정당화 문제와 관련해서 살펴보자.

한 예로, 유권자의 투표행동을 자민당 및 사회당의 2대 정당 득표율의 장기적 추이에 맞추어 분석한 연구에 따르면, '55년 체제' 성립 직후 90%에 달했던 2대 정당 득표율은, 공명당 등의 약진으로 다당화 현상이 두드러진 1960년대부터 감소 경향을 보이고 장기적인 하락 추세 속에서 특히 1993년 선거에서는 52%로 떨어졌다.[27] '55년 체제' 붕괴라는 1990년대 현상은 이미 그 전부터 2대 정당의

27) 井田正道, 「1990年代における有権者の変質」, 『社会科学研究所紀要』(明治大學), 第40巻第2号, 2002.3.

득표율 하락이라는 형태로 잠재되어 있었던 요인이 표면화된 것으로 봐야 한다. 또 〈표 1〉에 나타나 있는 바와 같이 중의원 선거의 절대 득표율 추이를 보면, 첫째로 자민당 득표율의 점진적 하락과 사회당 득표율의 급격한 하락, 둘째로 자민당, 사회당의 2대 정당을 대신해 1960년대부터 나타난 다당화 경향이 1993년 선거에서 급격하게 높아져 이후 다당화 경향이 매우 심해졌다는 점, 그리고 세 번째로 기권율이 점진적으로 상승하다가 1990년대부터 급격하게 높아졌음을 알 수 있다. 대체로 20-30% 정도에 머물러 있던 기권율이 1990년대에 들어서면서 30-40%로 약 10% 상승하였고 이 중 특히 20, 30대 유권자의 기권율 상승 속도가 매우 빠른 것으로 추정된다. 총무성 통계에 따르면, 1967년 선거에서 70%에 가까웠던 20, 30대 투표율은 1980년대에 50%대로, 그리고 1990년대에는 30%대로 급격하게 떨어졌다. 물론 1993년에 도입되어 1996년 선거부터 실행된 이른바 선거구제 개혁의 영향도 무시할 수 없겠지만, 전체적으로 탈정당화, 탈정치화 경향이 지속되고 가속화되는 가운데 축소된 유권자 시장을 둘러싸고 2대 정당의 지배력이 약화되고 다당제 경향이 강화되면서 이에 더하여 청년층의 탈정치화, 탈정당화 경향이 1970년대부터 지속적으로 강해지다가 1990년대에 현저히 드러난 것으로 봐야 할 것이다.

이는 자민당의 장기 집권을 지탱했던 이익유도 정치가 기능하지 않게 된 데다 산업구조의 전환 등으로 사회당을 지탱했던 노조조직률이 떨어지고 정치적 성격이 개량화되면서 그 영향력이 저하된 것이 그 원인일 것이다. 더구나 1990년대 중반 이후, 글로벌리제이션과 불황 대책으로 도입된 고용 시장 유동화 정책의 결과로 비정규직이 대폭 늘어나게 되면서, 자민당과 사회당의 '정치 시장' 장악력이 훨씬 떨어지게 된 것도 커다란 원인으로 작용했다. 정치학자 히와타리 노부히로(樋渡展洋)가 산업정책 분석에서 사용했던 '조직된 시장'이라는 개념을 원용하면[28], 정치 시장을 둘러싸고 자민당과 사회당이 각각 나누어 가졌던 '조직된 정치 시장'이 시장 축소와 시장 유동화로 약화되다가 1990년대에 결정적으로 붕괴된 셈이다.

〈표 1〉 주요 정당별 절대 득표율의 연도별 추이(%)

중의원선거	기권/무효	자민당	사회당	공산당	기타정당
1958	23.6	44.2	25.2	2.0	5.1
1960	27.3	41.9	20.1	2.1	8.7
1963	29.6	38.5	20.4	2.8	8.7
1967	27.0	35.6	20.4	3.5	13.5
1969	32.2	32.3	14.6	4.6	16.4

28) 樋渡展洋, 『戦後日本の市場と政治』, 東京大学出版会, 1991.

1972	28.9	33.3	15.6	7.5	14.8
1976	27.4	30.4	15.0	7.5	19.7
1979	32.6	30.0	13.3	7.0	17.0
1980	27.1	34.9	14.1	7.2	16.8
1983	32.6	30.8	13.1	6.5	17.0
1986	30.1	34.6	12.1	6.2	17.2
1990	27.3	33.6	17.7	5.8	15.7
1993	33.5	24.3	10.3	5.1	26.8
1996	40.4	22.4	1.3	7.3	28.8
2000	37.5	24.8	2.3	7.3	28.0
2003	40.1	25.5	1.7	4.7	27.9

절대 득표율이란 총유권자 수에 대한 득표수의 비율. 1996년부터 사회당은 사회민주당으로 개명. 1996년부터는 선거법 개정으로 소선거구제 득표수로 환산. 이시카와 마사미 저(박정진 옮김), 『일본 전후 정치사』, 후마니타스, 2006에서 작성.

그렇다면 1980년대 이후 '전후'를 내부에서 와해시키는 청년층의 탈정치화, 탈정당화 흐름이 왜 가속화되었고 이를 일본 사회는 어떻게 바라보고 있었을까? 그리고 이런 움직임의 끝에 왜 내셔널리즘의 고양이 자리 잡게 되었는지를 문제 삼아야 한다. 즉 미야자키 쓰토무 사건(1989년)에 이어 옴진리교(1995년), 소년범죄, '묻지마 살인' 등과 같은 사건들을 이런 탈정치화된 새로운 세대의 문화적 기제와 어떻게 연결시켜 설명할 것인지에 대한 문제이다.

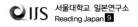

서울대학교 일본연구소
Reading Japan 9

제2장
1990년대와 '새로운 내셔널리즘'의 문제

이렇게 보면, 만화, 애니메이션, 게임 등과 같은 서브컬처에 1990년대 이후 본격화된 정보화로 생성된 새로운 관계망이 합쳐지면서, 파편화되고 부유하는 개인들이 삶의 안식처로 인공, 가상으로서의 국가 '일본'이라는 공동체에 몸을 내맡기는 현상이 새로운 내셔널리즘의 기반이 된다고 볼 수 있다. 이들에게 평화, 민주주의, 고도성장으로 특징지어진 '전후'란 자신의 삶을 규정지은 '거대 서사'이면서도 자신들의 '끝없는 일상'과는 무관한 '딴 세상'의 이야기였다.

1990년대와
'새로운 내셔널리즘'의 문제

1. 천황제와 엑스 재팬

1990년대의 끝자락에 있었던 일화에서부터 이야기를 풀어나가자. 1999년 11월 12일, 현 천황 아키히토(明仁)의 즉위 10주년을 축하하는 행사가 황거(皇居) 앞 광장에서 열렸다. 1989년 히로히토가 죽고 나서 10년이 되던 해였다. 천황 관련 행사가 항상 그렇듯이 '선별된' 각양각색의 사람들이 초대를 받아 행사에 참석했다. 연예인들도 예외가 아니어서 소위 '국민'이라는 수식어가 붙을 만큼 유명한 연예인들이 한자리를 차지했다. 그런데 이날만큼은 보통의 천황 관련 행사와 달랐다. 참석자들 중에 젊은 유명 가수들이 눈에 많이 띄었기 때문이다. 과거에는 소위 엔카(演歌) 가수들이 이런 행사의 단골손님이었다고 한다면, 이날 행사에는 엔카 가수뿐만 아니라 유명 록 가수를 포함한, 젊은 층으로부터 폭발적인 인기를 얻고 있는 가수들이 자리를 함께했다. 일본을 대표하는 록 밴드 글레이(GLAY)의 다쿠로(TAKURO)와 지로(JIRO), 1990년대 여성 댄스 그룹을 대표하는 스피드(SPEED), 유명 여성 아이돌 아무로 나미에(安室奈美恵) 등이었다. 압권은 아키히토에 바치는 자작곡 '봉축곡(奉祝曲)'을 피아노로 연주하는, 록 밴드 엑스 재팬(X JAPAN)의 요시키(YOSHIKI)의 참석이었다. 영문 이름을 가진 '포스트모던'적인 이들 젊은 가수들의 참석은, 물론 주최 측이 소위 '사랑받는 천황' 이미지를 젊은 층에 퍼트리기 위해 연출한 정치적 쇼 같은 것이었지만, 연미복 노장년층의 전유물이었던 천황 관련 행사에 다소 '펑키'한 이들 젊은 연예인들이 참석한 것 자체만으로도 매우 이색적이었고 획기적이었다. 더구나 이들이 대체로 1970년대에 태어나 고도 경제성장의 과실 속에서 대중 소비문화의 세례를 받고 1990년대 전후에 연예계에 데뷔한 '서브컬처 세대'라는 점에서 세대와 문화가 정치적으로 어떻게 결합되고 또 그 결합이 정치적으로 어떻게 귀결되는가를 상징하는 사례이기도 했다. 또한 아무로 나미에나 스피드가 모두 오키나와 출신이라는 점도 관심을 증폭시켰다. 이러다 보니 특히 요시키 등의 행사 참석을 둘러싸고 다양한 반응이 나온 것은 매우 당연한 일이었다.

가장 대표적인 반응은 고모리 요이치(小森陽一)와 다카하시 데쓰야(高橋哲哉) 등의 도쿄대학 교수들이 행사 전날인 11월 11일에 발표한 「요시키 씨에게 보내는 공개 질문장」(이하 「질문장」으로 줄임)이다. 「질문장」은 젊은 층을 포함해 보다 많은 사람들을 동원하려는 주최 측의 정치적 의도에 요시키가 이용되고 있음을 밝히고 이런 정치적 의도가 결국 상징천황제의 변질을 가져올 것이라는 점에 위협을 느끼고 있음을 경고했다. 그리고 엑스 재팬의 요시키에게 다음과 같이 말했다.

"'봉축곡'의 작곡과 연주는 정말로 당신 자신의 자발적인 의사인가요? 예를 들면 스피드나 글레이 멤버에게는 (소속 인용자) 사무소를 통해 온 행사 참석 요청을 거절할 자유가 있었을까요? (중략) 사실상 '천황으로부터의 의뢰'라 할 수밖에 없는 참석 요청을 거절하는 것은 이 나라에서는 아주 용기가 필요한 일입니다. 이 같은 자기 선택권조차 박탈당한 장소에서 '봉축곡'을 연주하는 것은 록 뮤지션인 당신의 정신이나 삶에 대한 배반이 아닐까요?"[1]

---

1) 「질문장」의 전문은 이 질문에 동참한 도쿄대학 교수 이시다 히데타카(石田英敬)가 공개한 사이트에서 확인할 수 있다(http://

1999년은 흔히 '우경화 원년'이라 불린다. 국기국가법이 제정되는 등, 국가주의적 바람이 불어닥치던 1990년대 끝자락의 정치 정세를 생각하면 이들 도쿄대학 교수 유지들의 '걱정'은 상황을 매우 적확하게 보고 있다고도 볼 수 있다. 그런데 영 개운치가 않다. 이유는 간단하다. 이들 유명 가수들을 오직 권력의 압력에 굴하여 비자발적으로 참석한 '대상'으로만 보고 있기 때문이다. 물론 이들이 참석을 거부했을 경우 비난 여론이 거세질 것이고 그에 따라 가수 활동에 적지 않은 지장을 받을 것이라는 예상은 '상상'이 아니라 '현실'의 문제가 될 수 있다. 천황제가 일상적인 억압 기제로 작동하고 있음을 생각하면 이들의 경고는 진실의 한 면을 정확하게 짚어내고 있기도 하다. 따라서 이들의 참석을 압력에 굴한 비자발적인 선택으로 해석하는 것 자체는 틀린 것이 아니다. 이런 시각은 「질문장」에 이름을 올린 도쿄대학 교수 이시다 히데타카(石田英敬)의 글에서도 볼 수 있다. 그는 이 행사를 먼발치에서 관찰하고 꼼꼼한 참관기를 남겼다.

"이 같은 '국민제전'에서 기타지마 사부로(北島三郎)나 모리 신이치(森進一) 같은 엔카 가수들은 마치 물 만난 물고

www.cafecreole.net/homeless/archipelago/log.html).

기 같다. 자진해서 입을 크게 벌리고 '기미가요'를 부른다. 그런데 젊은 J-POP 가수들은 '기미가요'를 부르는 모습이, 내가 보기에 곤혹스러워 보인다. 스피드(SPEED)도 불안한 듯 부르는 둥 마는 둥 한다. 아무로 나미에는 아래를 보고 입을 다물고 있다. 분명 노래를 부르고 있지 않다. 글레이의 다쿠로는 입이라도 움직이고 있지만 지로는 불쾌한 듯이 옆만 보고 있다. (중략) 왜일까? 가사를 모르는 것일까? 나는 그런 이유가 아닐 것이라고 내 임의로 생각하고 있다. 훨씬 더 큰 이유가 있어 노래를 부를 수 없었을 것이다. 즉 그들의 음악적 신체(身體)에서 생각하면 부를 수 없었던 것이다. 때문에 그들의 팬들도 '기미가요'를 부를 수 없었다."[2]

그가 말하고자 하는 것은 두 가지이다. 첫째로 그는 이들 신세대 가수들의 음악 세계, 즉 "음악적 신체"가 기미가요로 표현되는 천황제와 어울리지 않는다는 점을 전제로 하고 있다(반대로 엔카는 어울린다고 보고 있다). 그렇다면 이들의 행사 참석은 「질문장」에 드러나 있는 것처럼 압력에 굴한 것이었거나 아니면 그들의 음악적 세계로부터의 이탈, 혹은 배신행위가 된다. 물론 록 음악이 저항

---

2) 石田英敬, 「<失われた十年>の祭り-天皇在位十年「国民祭典」を観て」, 『世界』, 2000. 1. 이시다 히데타카 연구실 누리집(http://www.nulptyx.com/pub_lost10.html)에서 인용.

정신을 담은 음악 장르라는 해석이 하나의 신화가 되어 있는 전제에서 보면, 록 음악과 기미가요의 '결합'은 매우 부자연스럽다. 이에 반해 엔카라는 음악 장르는 그 음악 양식의 본질에서 기미가요 혹은 기미가요로 대표되는 천황제와 매우 친화적일 수밖에 없다는 전제가 깔려 있다. 이런 지적은 사실일까?

또 하나, 이시다는 이들의 '소극적인 저항'—기미가요를 열심히 부르지 않는 행위—을 '발견'함으로써 이들과 이들의 팬을 행사에 동원해 천황제 지지의 새로운 증거를 '연출'하려는 주최 측과 미디어 측의 '전략'에 이의를 제기하고 있다. 그래서 이들과 이들의 팬을 중장년층의 전통적인 천황 지지층과 분리하려 한다. 이들과 이들을 따라온 팬들이 정말 이시다의 관찰대로 기미가요 제창에 소극적인 저항을 했는지는 이시다 본인도 인정하고 있는 것처럼 객관적으로 확인하기 어렵다. 그럼에도 불구하고 조심스럽게 이들의 소극적인 저항을 읽어내고 이를 언어화한 것은 이들과 이들의 팬들을 전통적인 천황제 지지층으로부터 분리하고 싶어 하는 이시다의 '희망' 때문이다. 이어서 이시다 히데타카는 다음과 같이 말한다.

"팬들은 '기미가요' 제창이 있든 말든, 모리 요시로(森喜朗)

봉축국회의원연맹회장이 인사를 하는 모습이 대형 스크린에 비춰지든 말든, 그 후열에 있는 화면에 글레이가 비춰지자 '꺄!' 하고 환성을 질렀다."

즉 「질문장」과 이시다가 말하고 싶은 것은 명확하다. 행사의 동원 규모를 키우기 위해 주최 측이 유명 젊은 가수들을 동원했고 3만 명의 관중이 이 행사에 몰려들었지만, 이들과 그 팬들의 참석은 전통적인 천황제 지지와는 무관하거나 아니면 질적으로 다른 차원의 문제라는 것이다. 그래서 이 행사에 '비자발적'으로 참석한 유명 젊은 가수들, 그리고 이 가수들을 보기 위해 따라온 젊은 팬들과, 천황 및 그 전통적인 지지자들 사이에는 커다란 간극이 있다는 점을 확인하고 싶어 한다. 이시다는 "존재하지 않는 '공감의 공동체'"라는 용어를 쓰고 있다. 즉 이시다는 가수들의 비자발성을 강조하고 이 상이한 두 집단을 분리함으로써 천황 지지라는 '공감의 공동체'를 부정하거나 해체하려 했다. 하지만 그렇게 보아도 좋을까? 즉 이들의 참석을 압력에 굴한 비자발적인 것으로만 해석할 수 있을까? 혹은 이들의 음악 세계가 천황제, 혹은 기미가요와 모순된다고 볼 수 있는 것일까? 엔카가 천황제와 친화적이라고 하는 것은 엔카의 역사에서 볼 때, 과연 정확한 해석일까?

　「질문장」을 포함한 이시다의 주장이 그 자체로 상황의 일면을 정확하게 꿰뚫고 있는 것은 사실이다. 하지만 록 음악과 천황제의 음악적, 문화적 상극(혹은 반대로 엔카와 천황제와의 친화성)을 전제로 해서 두 주체를 서로 어울릴 수 없는 것, 두 주체 간의 결합을 '강제성'으로 설명해도 좋을까? 사실 이 주장이 전제로 삼고 있는 음악적, 문화적 상극은 어디까지나 '신화'일 뿐이다. 록 음악과 천황제가 상극이나 대립 관계에 놓여 있어야 할 필연성은 그 음악 장르에서도, 역사적 역할에서도 확인할 수 없다. 또한 상극이나 대립의 가능성이 원천적으로 있다고 하더라도 그 가능성이 왜 1999년의 끝자락에 있었던 즉위 10주년 행사에서 '결합'으로 귀결되었는가. 다시 말하면 그 정치적 귀결의 배경을 살펴야 한다는 것이다. 이런 점에 대한 고려가 없었기 때문에, 「질문장」이 '자신들의 위치에서 상대방의 동화를 요구하는 오만한 글'이라는 비판[3]에 직면한 것은 당연한 일이었다.

---

3) 上野俊哉/毛利嘉孝, 『実践カルチュラル・スタディーズ』, 筑摩書房, 2002.

2. 아사다 아키라의 'J 회귀(回歸)론'

그렇다면 이들의 참석을 압력에 굴한 비자발적인 선택이 아니라, 자발적인 선택(소극적이든 적극적이든)으로 인정한 위에서 이른바 1990년대의 새로운 가수들과 천황제의 결합을 문제 삼아야 한다. 이 가수들과 이들을 따르는 새로운 세대(팬)의 문화적 특질을 '포스트모던' 문화의 한 현상이라 한다면, 1980년대 일본을 뒤덮었던 '포스트모던'적인 문화가 1990년대를 통해 어떻게 천황이라는 내셔널리즘의 '핵'으로 회귀, 흡수되어 갔는지를 따져 물어야 한다는 것이다. 이 점과 관련해서 중요한 논점을 제공하는 것이 아사다 아키라(浅田彰)의 'J 회귀론'이다. 요시키 사태에 대한 그의 글을 인용해보자.

"작년(1999년-인용자) 천황 즉위 10주년 기념식전을 보고 있자니, 천황제조차 'J 천황제'로 변질된 듯하다. 과거의 '대일본제국'은 '황기(皇紀) 2600년'을 기념하는 음악을 리하르트 슈트라우스(Richard G. Strauss)에게 맡겼다. (중략) 얼마 전까지만 해도 천황을 위한 '봉축곡'이라 하면, 마유즈미 도시로(黛敏郎) 같은 작곡가가 만들었다. 그런데 앞서 말한 식전에서는 수상 주위를 글레이나 스피드가 둘러싸고 엑스 재팬의 요시키가 '봉축곡'을 연주했다. 황실의 전통적인 이미지를 내던져서라도 대중, 특히 젊은이들에게 영합하려는 포퓰리즘이 알파벳 투성이의 'J-POP'으로 장식된 'J 천황제'를 낳았다. 그리고 이에 대해 이전부터 천황제를 비판하는 입장에 서 있던 좌파 지식인들이 요시키에게 공개 질문장을 던졌다. 하지만 그런 일을 해봤자 '호박에 침주기'이다. 문제는 일본 전통의 핵으로서의 천황제라기보다 'J 회귀'의 초점으로서의 'J 천황제'에 있을 것이다."[4]

여기서 말하는 슈트라우스의 '봉축곡'은 1940년 당시 일본 정부의 의뢰를 받아 75세의 슈트라우스가 작곡한 '일본의 황기 2600년에 바치는 축하 대관현악곡'을 말한다. 슈트라우스는 대표적인 친(親)나치 음악가로 알려져 있다. 제3제국의 음악원 총재를 지낸 사람이다. 그의 음악 중에서 거의 알려져 있지 않은 음악이 바로 이 관현악곡이다. 일본에서조차 1940년을 포함해 딱 5번만 연주되었다고 한다. 또 여기서 말하는 마유즈미 도시로(1927~1997)는 일본을 대표하는 음악가이다. 음악가 중에서는 드물게 1970년대 후반에 개헌을 주장했던 우익 단체 '일본을 지키는 국민회의'(현 국민회의)의 의장을 지내는 등, 대표적인

---

4) 浅田彰, 「『J回帰』の行方」, 『Voice』, 2000.3, PHP研究所(http://www.kojinkaratani.com/criticalspace/old/special/asada/voice0003.html).

우파 지식인으로 활동한 인물이다. 현 천황 아키히토가 황태자 시절이었던 1959년에는 그의 결혼을 축하하는 칸타타 '축혼가'를 작곡하였고, 히로히토 재위 60주년을 축하하는 1988년 행사에 울려 퍼졌던 '일본축가'를 작곡한 사람이기도 하다. 이렇게 보면, 슈트라우스나 마유즈미 모두 그 음악적 장르와는 별개로 그 정치적 성향과 활동에서 천황제라는 파시즘 체제의 역사와 궤를 같이 했던 음악가들이라 할 수 있다.

그렇다면 앞서 말한 엔카와 천황제의 친화성 문제는 어떻게 생각해야 할까? 와지마 유스케(輪島裕介)는 '엔카가 '일본(인)의 마음'이고 라쿠고(落語)나 가부키(歌舞伎)처럼 전근대 이전부터 내려온, 전통적이면서 진정한 일본 문화를 체현하는 음악'이라는 기존의 해석에 반기를 들면서, 사실은 엔카가 19세기 말에 시작되어 1960년대에 재발명된 근대의 산물에 불과하다고 말한다. 그에 따르면 '엔카'란 '연설의 노래'라는 뜻에서 유래했다. 19세기 말 자유민권운동이 활발했을 때, 지사들이 거리 연설에서 바이올린 등의 반주에 맞추어 정치나 사회를 풍자했던 것이 점차 서정적인 내용으로 바뀌고 음악 양식도 전통음악이 서양음악과 결합되면서 사랑이나 인정을 담은 애수조의 음색으로 바뀌게 되어 엔카라 불리게 되었다. 그리고 점차 '일본(인)의 마음=엔카'라는 등식이 만들어지게 된다. 일종의 만들어진 '신화'인 셈이다[5].

따라서 엔카가 그 역사적 기원과 관계없이 '일본(인)의 마음'이라는, 전후에 만들어진 신화를 매개로 해서 일본의 전통으로 호출되고, 이 호출을 통해 전후 사회의 전통적 내셔널리즘의 문화적 코드로 자리 잡고, 이런 과정을 통해 천황제와 맞닿았을 가능성을 부정할 수는 없다. 그렇다면 엔카가 '일본(인)의 마음'이라는 신화가 작동하고 있는 상황에서 보면, 엔카가 내셔널리즘이나 천황제와 적대적이거나 대립적이라고 할 수 없는 점은 분명해 보인다. 그래서 천황 관련 행사에 슈트라우스나 마유즈미의 장중한 클래식 음악이 울려 퍼지거나 엔카 가수가 자리하는 것은 역사적 경위에서 볼 때 전혀 이상할 것이 없는 것이다. 문제는 1999년의 천황 관련 행사에, 이같이 천황제에 친화적인 음악가나 음악을 대신해 '갑자기' 아이돌이나 록밴드, 그리고 J-POP 가수들이 자리한 사실을 어떻게 해석할 것인가이다. 이를 두고 「질문장」이나 이시다 히데타카는 '비자발적 강제'로 해석하고 진단했다. 그리고 상징천황제의 문화적 외연 확장성과 그 위험성에 경고를 했다.

---

5) 輪島裕介, 『創られた「日本の心」神話 : 「演歌」をめぐる戦後大衆音楽史』, 光文社, 2010.

한편, 아사다는 이를 'J 회귀', 즉 새로운 내셔널리즘으로 해석하고 있다. 그렇다면 그가 J-POP 등을 'J 천황제' 혹은 'J 회귀'로 부르는 까닭은 무엇일까? 여기서 J란 물론 'JAPAN'을 말한다. 따라서 J 회귀란 JAPAN으로 회귀한다는 뜻이고 1990년대의 포스트모던적인 문화가 결국은 JAPAN으로 돌아갔다는 뜻이 된다. 즉 탈국가적이고 다양한 개성을 주창했던 1980년대 이래의 문화양식이 1990년대에 국가 JAPAN과의 결합을 통해 내셔널리즘으로 회수되었다는 뜻이다. 그는 구체적인 예로 J-POP, J-BUNGAKU(문학), 그리고 '펑키' 우익 평론가로 알려진 후쿠다 가즈야(福田和也), 1980년대의 포스트모던 아트의 대표적인 주자였던 미술가 사와라기 노이(椹木野衣)의 'J-Art'를 들고 있다. 심지어 오타쿠 연구에서 토착적인 것을 찾으려는 서브컬처 연구자 아즈마 히로키(東浩紀)의 'J-비평' 등도 이 범주에 포함시키고 있다. 여기서 말하는 J-BUNGAKU란 1990년대에 유행했던 가벼운 소설류를 일컫는다. 가와데쇼보(河出書房)라는 출판사가 발행하는 『분게이(文藝)』가 1990년대에 비공식적인 서브컬처에 머물러 있던 문학작품을 공모해, 이를 마케팅 수단으로 J-BUNGAKU라 이름 붙인 데서 유래한다. 따라서 J-BUNGAKU 자체가 반드시 내셔널리즘적인 내용을 다루거나 그러한 지향성을 띠고 있는 것은 아니다. 스가 히데미(絓秀美)가 "구즈(쓰레기) 소설"[6]이라 표현했던 것처럼, 문학적 소양이라 할 수 없는 단순한 이야기 정도로 보면 된다. 그 내용과는 관계없이 이런 서브컬처 문학에 국가명을 뜻하는 J를 붙인 것은 내셔널리즘을 마케팅 수단으로 활용했던 시대적 상황을 반영한다. 이런 점에서 보면 1993년에 일본 프로 축구가 J리그라는 이름으로 시작된 것도 이런 시대 상황을 반영한 측면이 없다고는 할 수 없을 것이다.

그렇다면 여기서 말하는 'J=JAPAN'이 반드시 복고적이고 전통적인 JAPAN을 의미하는 것이 아님을 알 수 있다. 아사다도 J회귀의 대상은 "어디까지나 서브컬처나 '오타쿠 문화'의 일본이지 전통의 일본은 아니"라고 말하고 있다. 1990년대 이후의 장기 불황 속에서 이른바 경제 글로벌리제이션이라는 외부적 압력이 전면에 등장하면서 위기감을 느낀 기존 소비문화의 주체들이 JAPAN으로 회귀하게 되었다는 뜻이 담겨 있다.

여기서, 아사다도 인용하고 있는 것처럼 포스트모던 소비사회의 코스모폴리타니즘을 탈국경(borderless), 혹은 다국적 자본주의(multinational capitalism)의 문화적 표현

---

6) 絓秀美, 『Junkの逆襲』, 作品社, 2003, 제1장 참조.

이라고 말한 프레드릭 제임슨(Fredric Jameson)을 떠올릴 필요가 있다.[7] 즉 1980년대의 포스트모던이 표방했던 코스모폴리타니즘이란 호황기의 소비사회에 의해 지탱된 것이며, 따라서 글로벌리제이션과 경제 불황으로 인해 기존 소비사회의 기반이 무너지자, "1980년대의 포스트모더니즘을 일본이라는 조건을 잊은 표면적인 코스모폴리타니즘이라고 비판"하면서 결국은 내셔널리즘으로 회귀하게 되었다는 것이다. 이어서 아사다는 말한다.

"여기에 'J 회귀'의 한없는 천박함이 있다. 과거에 우치무라 간조(内村鑑三)는 JAPAN의 J와 JESUS의 J의 긴장 속에서 사고했다. 다음 세대에는 밖으로부터 주어진 절대적인 도그마라는 의미에서 공산주의가 기독교를 대신했다. J는 언제나 가열찬 이데올로기 투쟁의 가운데에 있었다. 그러나 지금 'J 회귀'의 조건이 되고 있는 것은 글로벌 경제라는 생(生)의 현실밖에 없다. 1990년대 불황 속에서 글로벌화의 파도에 노출되어 있는 일본이 문화 차원에서 자폐(自閉)하려 한다. 'J회귀'라는 것은 아마 그 징후나 다름없을 것이다. 불황이 끝날 때까지 계속될까? 언제까지가 될 것인가?"

....

7) フレドリック・ジェイムスン(Jameson, F.), 『カルチュタル・ターン(The CULTURAL TURN)』, 合庭惇・河野真太郎・秦邦生 訳, 作品社, 2006.

아사다 아키라는 포스트모던의 '순수성'을 지키려는 입장에 서서, 1980년대의 포스트모던 문화와 그 문화가 내포하고 있었던 코스모폴리타니즘 경향이 1990년대에 와서 일본이라는 국가에 회수되고 있는 현실을 개탄하고 그 회귀의 배경에 경제 불황이 자리하고 있음을 지적하고 있는 듯하다. 이는 결과적으로 포스트모던이 내포하고 있었던 코스모폴리타니즘이 혹은 포스트모던 그 자체가 본질적으로 경제 호황에 의해 견인된 소비사회의 출현에 그 뿌리가 있음을 자인한 것이고, 따라서 경기에 따라 변동할 수밖에 없는 사상 조류라는 것을 인정한 셈이 된다.

3. '천황 부재의 내셔널리즘'[8], 혹은 '귀여운 천황'

그렇다면 여기에서 물어야 할 것은 1980년대까지 일본을 휩쓸었던 포스트모던적인 문화 현상이 어떻게 1990

---

8) '천황 부재의 내셔널리즘'(天皇抜きのナショナリズム)을 '천황을 뺀 내셔널리즘'으로 번역하는 경우도 있다. 예를 들면, 사사키 아쓰시, 『현대 일본 사상』, 송태욱 옮김, 을유문화사, 2010, 192-193쪽.

년대에 내셔널리즘과 결합되게 되었는가, 그리고 이 내셔널리즘이 이른바 '전통적인' 내셔널리즘과 어떻게 다른가일 것이다. 이 점과 관련해서 생각해야 할 것은 아키히토 즉위 10주년 기념식전에 모였던 아이돌 팬들이 내지른 "꺄!"라는 환성의 정체이다. 다시 말하면 유명 가수들을 '응원'하기 위해 모인 젊은 팬들의 "꺄!"라는 함성을, 이시다나 「질문장」이 주장하고 있는 것처럼, 전통적인 천황 지지로 해석할 수 없다면, 아사다가 말한 새로운 내셔널리즘, 즉 천황 지지와는 다른 'J 내셔널리즘'으로 해석할 수 있는가 하는 것이다.

이 점과 관련해서 가장 먼저 떠오르는 것은 우파 평론가 후쿠다 가즈야(福田和也)가 제기한 이른바 '천황 부재의 내셔널리즘'[9]이다. 이 독특한 이론이 1999년 1월, 다시 말하면 아키히토 즉위 10주년 행사가 열리기 약 10개월 전에 제기되었다는 사실은 여러 의미에서 상징적이다. 그는 '천황 부재의 내셔널리즘'을 내셔널한 문제, 즉 일본이라는 것을 황실의 틀에서 해방시키기 위한 의미로 쓰고 있다.[10] 2003년에는 "황실과 내셔널리즘은 본질적으로 서

---

9) 大塚英志, 『少女たちの「かわいい」天皇』, 角川文庫, 2003, 제3부.
10) 小林よしのり・佐伯啓思・西部邁・福田 和也, 『国家と戦争—徹底討議』, 飛鳥新社, 1999.

로 섞일 수 없는 것이다. 내셔널리즘은 본래 공화제적인 것이어서 국민주권에서 비로소 성립한다."11)라고 말한다. 다시 말하면 그는 황실을 문화적 개념으로 한정시키고 일본 국민을 황실로부터 해방시켜야 일본이라는 국가의 내셔널리즘이 제대로 작동할 수 있음을 말한다. 즉 그는 천황(제)으로부터 '자유로운' 내셔널리즘을 말하고 있다. 이런 점에서 보면, 아사다가 비판한 'J 회귀' 현상과 그 내용에서 크게 다르지 않다. 다른 점이 있다면 아사다는 이를 비판적으로, 후쿠다는 이를 긍정적으로 봤다는 점이다.

이와 대조적으로 오쓰카 에이지(大塚英志)는 내셔널리즘에 반대하면서도, 천황제가 오히려 내셔널리즘을 억제하는 문화적 기제로 작용하고 있음을 말한다. 천황을 보기 위해 몰려든 소녀들이 이구동성으로 내뱉는 '천황! 가와이이(귀여워)'라는 말에서 전통적인 천황관과는 다른 문화적 요소를 이끌어낸다.12) 물론 오쓰카는 긍지나 자랑스러움은 국가가 가지면 될 일이며 천황에게 그 역할을 맡겨서는 안 된다고도 말한다. 다시 말하면 천황을 통합의 구심점으로 이용하려는 움직임에 경고를 발하면서 '소

---

11) 大塚英志, 『少女たちの「かわいい」天皇』, 제3부.
12) 사사키 아쓰시, 『현대 일본 사상』, 195쪽 혹은 大塚英志, 『少女たちの「かわいい」天皇』, 제3부.

외된 천황'을 '소외되지 않게' 하려는 노력을 단념하고 국가에 그 역할을 맡겨야 한다고 주장한다.

후쿠다와 오쓰카는 '천황 부재의 내셔널리즘'이 1990년대 일본에서 나타나고 있음에 대해 의견을 같이하면서도 평가는 서로 다르다. 오쓰카는 상징천황제라는 문화 개념 장치가 오히려 내셔널리즘을 억제하는 기능을 지닌다고 하고, 후쿠다는 황실이 내셔널리즘의 확립에 방해가 되니, 황실은 오직 문화적 개념에 충실해야 한다고 말한다. 두 사람은 모두 상징천황제에 찬성을 표하면서도 후쿠다는 내셔널리즘을 '살리기 위해' 천황(정치성)을 '죽이려' 하고, 오쓰카는 내셔널리즘을 '죽이기 위해' 천황(문화성)을 '살리려' 한다는 차이가 있다.

물론 후쿠다나 오쓰카의 이런 관점에는 동의하기 어려운 문제가 도사리고 있다. 일본이라는 근대 국민국가가 국민 통합의 수단으로 전근대의 문화적, 종교적 심벌인 천황을 근대의 핵심으로 삼음으로써 근대 천황제를 완성시켰고 이 과정에서 일본이라는 근대 국민국가의 배타적, 폭력적 성격이 작동했다는 역사적 경위를 생각하면, 천황을 문화적 기제로 한정시켜 내셔널리즘과 천황을 모두 '구출'하려 하는 것은 그 구성 원리나 역사적 경위에서 생각할 때 불가능하다. 예를 들면 천황을 문화적 개념으로 보았던 미야다이 신지(宮台真司)도 막번(幕藩)체제하에서는 '일본'이라는 개념이 존재하지 않았으며 메이지유신 이후에는 천황을 '공통의 아버지'로 내세우면서 번(藩)과 번 사이의 대립을 완화시켜 근대 국민국가의 통합성을 이루었다고 말하고 있다.[13] 즉 미야다이 신지도 일본의 내셔널리즘은 천황제 그 자체이고 천황제는 바로 내셔널리즘 그 자체라고 보고 있는 셈이다. 반대로 오쓰카는 천황제가 내셔널리즘을 억제하는 문화적 기제로 지금의 상징천황제하에서도 작동하고 있음을 주장하고 있지만, 이 또한 천황제와 내셔널리즘의 관계를 지나치게 나이브하게 사고한 결과이다. 어느 쪽이든 후쿠다의 '천황 부재의 내셔널리즘'이라는 개념은 즉위 10주년 기념식전에 참석한 젊은 가수들과 이들을 향해 괴성을 지르는 젊은 팬들의 심리 현상을 전통적인 천황 지지의 심리로는 해독 불가능하거나 천황 지지 심리와는 결합 불가능한 새로운 사태라는 것을 받아들이고 '이를 어떻게 내셔널리즘으로 수렴시킬 것인가' 하는 고민 속에서 짜낸 아이디어였던 듯하다. 한마디로 말하자면, 1999년의 '사태'에서 알 수 있는 것은 그것이 'J 회귀'이든 '천황 부재의 내셔널리즘'이든 혹은 '귀

13) 宮台真司・宮崎哲弥, 『ニッポン問題。M2：2』, インフォバーン, 2003.

여운 천황'이든 모두 전통적인 내셔널리즘으로는 환원할
수 없는 새로운 사태라는 점이다.

4. 내셔널리즘을 둘러싼 여러 시도들

이 대목에서 1990년대 후반부터 등장하기 시작한 이
른바 '새로운 내셔널리즘'을 둘러싸고 이루어졌던 여러 이
론적 시도들을 떠올리게 된다. 예를 들면 가야마 리카(香
山リカ)는 "프티 내셔널리즘 증후군"이라 하여, "이전의
애국주의나 국수주의가 가지고 있었던 '무거운 공포감'의
모습은 어디에서도 찾아볼 수도 없"고, "낡은 세대에게서
연상되는 것이나 역사로부터 분리되어" 그저 명랑함, 태
평스러움, 가벼움으로 "아름다운 닛폰(일본-인용자)", "강
한 닛폰"을 주창하는 가벼운 내셔널리즘을 말한다.14) 수
정주의 역사관을 가진 '새로운 역사 교과서 모임'(이하 '새
역모'로 줄임)에 대한 분석에서 오구마 에이지(小熊英二)
가 사용한 '힐링(癒し) 내셔널리즘'도 비슷한 맥락이다.15)

---

14) 香山リカ, 『ぷちナショナリズム症候群-若者たちのニッポン主
　　義』, 中公親書, 2002, 35쪽.
15) 小熊英二・上野陽子, 『〈癒し〉のナショナリズム』, 慶應義塾大
　　学出版会, 2003.

그는 '새역모'를 '무라(마을)' 공동체적 전통적 보수와 다른, 공동체와 유리된 개인들이 집결한 도시형 포퓰리즘이라 하면서, 그 배경에 냉전체제의 해체와 글로벌리제이션이 있다고 말한다. 각종 업계의 단체나 지방 촌락 같은 공동체를 기반으로 했던 '전통적 보수'와도 다르며 노조 등의 공동체를 기반으로 했던 혁신 진영과도 다르다. 왜냐하면 1970-80년대를 거치면서 전통적인 보혁 구도가 해체되어 무(無)당파층과 정치적 부동층이 증가하였고, 이로 인해 탈정당화와 다당화 현상이 나타났기 때문이다. 그리고 이들의 '파편화'된 삶이 '새역모' 지지의 배경으로 작용했다는 것이다. 이들에게 긍정적인 언어는 '양식적, 보통 감각, 건전한 내셔널리즘, 서민, 일본인으로서의 긍지, 전통, 산케이신문, 이시하라 신타로(石原慎太郎)'이며, 부정적인 언어로는 '사요쿠(좌익), 시민운동가, 인권주의, 아사히신문, 공산당, 사민당, 북조선, 한국, 중국, 매스컴, 관료'이다. 스스로를 표상하는 말은 '양식 있는 보통의 시민'이다. '새역모'의 전신에 해당되는 '자유주의사관연구회'에 모인 교사들이 대부분 30, 40대 초반이라는 분석에서 알 수 있는 바와 같이 확실히 이들은 전통적인 우익층과는 다르다.[16]

---

16) 村井淳志, 「自由主義史観研究会の教師たち」, 『世界』, 1997.4.

그 밖에 기타다 아키히로(北田曉大)가 주창한 '조소(嘲う) 내셔널리즘'도 있다.[17] 기타다는 '니찬네르'(2채널)에서 만들어진 '전차남(電車男)'이 베스트셀러가 되는 현상을 보고 일본 사회가 점차 '니찬네르'화되고 있음을 지적한다. '니찬네르'화는 한편으로는 모든 감동은 연출된 것이라는 냉소적인 시선을 신체화시키면서 다른 한편으로는 순수한 감동을 찾아 '전차남'으로 귀결되는 모순을 지닌다. 전통적인 진보주의를 비웃고 애국적, 민족적, 인종적 입장을 취하면서도 전통적인 사상적 우익과는 다르다. 그는 또한 영화 〈GO〉에서 재일 조선인을 주연한 구보쓰카 요스케(窪塚洋介)의 예를 들어, 국경이나 국가가 인위적, 인공적인 산물이라는 것을 알면서도 '일본인다움', '일본인'에 자신을 내맡기는 젊은 층의 내셔널리즘을 형용하고 있다.

또 이른바 한국의 '88만원 세대'로 형용되는 '잃어버린 세대'를 대표하는 아카기 도모히로(赤木智弘)가 2000년대에 한 시도를 통해, 지금껏 문화 현상으로 대별되었던 '가벼운 내셔널리즘 증후군'과 다른 일종의 '가학 내셔널리즘'의 징후도 읽어낼 수 있다. 「마루야마 마사오를 때려

---

17) 北田曉大, 『嗤う日本の「ナショナリズム」』, NHKブックス, 2005.

주고 싶다」라는 논문으로 '혜성' 같이 등장한 아카기는 오사카 시장 하시모토 도루(橋下徹)의 대중적 인기를 이해하는 데 매우 중요하다. 비정규직 아르바이트생 아카기는 아무런 희망 없이 하루하루를 연명한다. 일본은 이런 그와 무관하게 늘 평화롭고 안정되어 있다. 희망 없는 그에게 희망이란 일본의 안전과 평화를 깨뜨리는 전쟁밖에 없다. 전쟁은 비참하다. 하지만 그 비참함은 "가진 자가 무엇인가를 잃기 때문"이다. 아무것도 가진 것이 없는 약자는 잃을 것이 없다. "가진 자와 가지지 못한 자가 확실하게 나뉘어 그 사이에 유동성이 존재하지 않는 사회에서는 전쟁이 더 이상 금기가 아니다." 전쟁에 반대하는 것은 "우리들을 일생 동안 빈곤 속에 가두어 두려는 가진 자들의 오만"이다. "권력자가 전쟁에 휘말려들기를 바라는 것이 아니다. 나 같은 가난한 노동자(비정규직)를 내치면서 자신의 생활을 유지하고 있음에도 마치 약자처럼 권리나 금전을 요구하는 다수의 안정적인 노동자층(정규직)이 전쟁에 휘말려들기를 바란다." 그 이유에 대해서는 "좋은 집안이나 배경을 지니지 못한 안정된 노동자는 우리와 같은 빈곤 노동자와 교환 가능성이 크기" 때문이라고 말한다. 그가 공격하는 것은 국가권력이나 자본가가 아니라 정규직 노동자나 중간층이다.[18] 또 고바야시 요시노리의 고마

니즘과 『전쟁론』(1995년 연재 개시, 1997년 출판)의 인기
도 버블 경제와 이의 산물인 신인류, 오타쿠 등의 서브컬
처의 연장선상에 있으면서 다른 한편으로는 이들 서브컬
처가 만들어낸 탈정치적 포스트모던에 대한 반동을 그 배
경으로 한다. 그래서 '오만(傲慢)'이나 카리스마에 대한 갈
증이 내셔널리즘으로 회수되는 배경을 이룬다.

　　그렇다면 전후에 대한 '불만'이 왜 1960년대와 같이
체제 비판으로 이어지지 않고 오히려 좌파 비판으로 이어
져 내셔널리즘으로 회수되었는가? 나카무라 마사노리(中
村政則)는 전쟁 기억의 풍화(風化)와 풍요로움을 이유로
들고 있다. 세대의 진전에 따라 전쟁을 직접 경험한 세대
들이 줄어들고 전쟁을 경험하지 못한 세대들이 사회 여론
을 주도하게 된 것을 원인으로 진단하고 있다. 즉 전쟁을
모를 뿐만 아니라 빈곤도 모르는 세대라는 것이다[19]. 전
쟁 기억의 풍화는 이미 많은 논자들이 지적하는 바이다.
마루야마 마사오의 말을 빌리자면, 이른바 '회한(悔恨) 공
동체'의 해체이다. 사실 '가난을 모르는 세대'라는 나카무

---

18) 권혁태, 「권혁태의 또 하나의 일본」 잃어버린 세대들 전쟁을 희
　　망하다」, 『한겨레21』, 제896호, 2012.2.6. 및 권혁태, 『일본의 불
　　안을 읽는다』, 교양인, 2010 참조.
19) 中村政則, 「歷史敎科書問題とナショナリズム」, 『歷史と真実』
　　筑摩書房, 1997.

라의 지적은 물질적 지표의 단순 비교에서 보면 틀렸다고 는 할 수 없지만, 풍요가 반드시 내셔널리즘의 약화로 이 어진다고 볼 수도 없는 데다가 1990년대 이래 장기 불황 과 양극화의 심화 속에서 생기기 시작한 '새로운 형태의 가난'이라는 문제를 지나치게 단순하게 본 결과라 해야 할 것이다. 앞서 말한 바와 같이 '잃어버린 세대'를 대표하는 작가 아마미야 가린이 자신의 우익 단체 가맹 동기에서 고백하고 있는 것처럼, 새로운 세대에게는 좌익 진영이 하나의 기득권 체제로 보였다는 점이 중요하다. 이 점에 대해 오구마 에이지는 다음과 같이 말한다.

"왜 그들은 '우'보다도 '좌'를 싫어하는가? 냉전 후 '좌'의 실 추만이 원인이 아니다. 아마 최대의 이유는, 그들이 막연하 게 '전후 민주주의'나 '리버럴'이라는 형용으로 총괄하는 '좌' 의 언어야말로 현대 일본의 '체제 측' 언어, 훨씬 더 속류적 인 표현을 빌리면, '어른들의 겉치레'로 간주되고 있기 때문 이다. 미디어나 공식 발언 차원에서는 '좌'의 언어가 일정 정도의 세력을 가지고 있어도, 일본 사회의 실태가 '전후 민주주의'의 이상과는 멀리 떨어져 있음을 누구나 잘 알고 있다. 그 가운데 공동화(空洞化)될 수밖에 없었던 '좌'의 언 어는 이제 젊은 층의 대부분에게는 사회에서 실감할 수 없 는 언어, 학교나 책에서만 가르치는 언어, 바꿔 말하면, '교사의 명분'으로밖에는 느낄 수 없게 되었다."[20]

이렇게 보면, 만화, 애니메이션, 게임 등과 같은 서브컬처에 1990년대 이후 본격화된 정보화로 생성된 새로운 관계망이 합쳐지면서, 파편화되고 부유하는 개인들이 삶의 안식처로 인공, 가상으로서의 국가 '일본'이라는 공동체에 몸을 내맡기는 현상이 새로운 내셔널리즘의 기반이 된다고 볼 수 있다. 이들에게 평화, 민주주의, 고도성장으로 특징지어진 '전후'란 자신의 삶을 규정지은 '거대 서사'이면서도 자신들의 '끝없는 일상'과는 무관한 '딴 세상'의 이야기였다. 한편으로는 탈정치화, 탈역사화, 탈국가화되고 있으면서도 동시에 정치화, 역사화, 국가화의 맥락 속에 자신들의 몸을 의탁하는 상황에 놓여 있었던 것이다. 왜 이런 일이 발생했을까? 이런 현상에 대해 오쓰카 에이지(大塚英志)는 다음과 같이 말한다.

"1970년대부터 이어져 내려온 '자기'(私) 찾기의 귀결로서 '국가'에 '자신'(私)을 맡겨버리는 태평스러움이 나타났다. 인터넷에서는 모든 것이 연결되어 있지만, 젊은 세대들은

---

20) 小熊英二, 「「左」を忌避するポピュリズム」, 『世界』, 1998.12, 104쪽.

우리들보다 훨씬 더 '자신'에 대한 불안을 견디지 못하고 작은 공동성 속에서 조그마한 연결 고리를 찾고 있다. 예전에는 조그마한 '무라(村)' 공동체에 살고 있던 사람들을 일거에 '통합'시키기 위해 '천황'이 내세워졌지만, 이제는 '천황적인 것'에 대해 이 나라의 내성이 약해져 있다는 인상을 받는다. 사람들이 작은 단위(unit)로 분단(分段)되어 그 단위 안에 폐색(閉塞)되어 있을수록 사람들을 '동원'하기 쉬워진다."[21]

오쓰카가 말하는 맥락은 이런 것이다. 고도 경제성장에 의해 소비사회가 출현하면서 개인화되고 파편화된 개인들이 '자기 찾기'를 통해 안식처를 찾아 헤매다가 결국 '국가'에 자신을 내맡겨버리는 현상이 1990년대에 출현했다는 것이다. 그렇다면 1970년대 이래 등장한 소비사회와 그 소비사회 속에서 성장한 새로운 세대들의 서브컬처, 그리고 그 서브컬처 속에서 배양된 문화적 감각이 어떤 것이었고, 그 문화적 감각이 다른 정치적 전망을 획득하는 데 왜 실패했는지를 문제 삼아야 한다. 그 단계로 진입하기 위해 먼저 1995년에 일어난 두 가지 사건을 고찰해 보고자 한다. 바로 한신대지진과 옴진리교 사건이다.

---

21) 大塚英志, 『少女たちの「かわいい天皇」』, 259쪽.

1995년의 '파탄' - 두 개의 재난과 1990년대

● 그렇다면 왜 젊은 세대들이 내셔널리즘
● 으로 회귀하게 되었는가? 그 회귀 외에
● 다른 가능성은 없었는가? 이 질문과 관련해 1990년대를 되돌아볼 때 중요한 논점을 제시해 주는 것이 1995년에 있었던 두 가지 사건이다. 한신(阪神)대지진과 옴진리교 사건.

1995년의 '파탄'
– 두 개의 재난과 1990년대

　　지금까지 1999년 아키히토 즉위 10주년 기념행사에 참석한 젊은 가수들의 문제를 들어, '소비사회=서브컬처'로 드러나는 이른바 '포스트모던'적인 문화 현상이 1990년대 말의 새로운 내셔널리즘과 어떻게 결합되는지, 그리고 그 내셔널리즘이 과거의 '전통적인' 내셔널리즘과 어떤 점에서 다른지를 '가벼운 내셔널리즘'과 관련해서 진단하였다. 그렇다면 왜 젊은 세대들이 내셔널리즘으로 회귀하게 되었는가? 그 회귀 외에 다른 가능성은 없었는가? 이 질문과 관련해 1990년대를 되돌아볼 때 중요한 논점을 제시해주는 것이 1995년에 있었던 두 가지 사건이다. 한신(阪神)대지진과 옴진리교 사건. 이 두 사건이 현재의 시점에서 강하게 떠오르는 것은 물론 현재의 정치, 사회 정세의 근

기원이라는 이유 때문만은 아니다.

　1995년과 2011년 사이에는 일정한 유사성이 있다. 한신 대지진은 1995년 1월에 발생한 자연재해이다. 그리고 약 세 달 후에 지하철 사린가스 사건을 통해 만천하에 정체를 드러낸 옴진리교의 범죄 행각은 전형적인 인재이다. 물론 자연재해로서의 한신대지진이 인재로서의 옴진리교 사건으로 직접 이어지는 것은 아니지만, 자연재해와 인재가 연이어 일어난 1995년의 사태는 동일본대지진이라는 자연재해와 원전 사고라는 인재가 결합되어 일어난 2011년의 3.11과 유사하다. 더구나 1995년은, 사회당과 자민당의 연립정권이기는 하지만, 사회당 당수였던 무라야마 도미이치(村山富市) 정권이었고 2011년 3월은 민주당 간 나오토(菅直人) 정권이었다는 점을 감안하면 1995년과 2011년의 사건들이 모두 전후 체제를 이끌어 온 자민당 체제가 아니라 그 자민당 체제를 비판했던 야당 정권에서 일어났다는 공통점이 또 하나 있다. 하지만 1995년에 일어난 두 개의 사건이 중요한 것은 3.11과 비견되는 사태의 심각성 때문만은 아니다. 1995년에 우연히 발생한 천재와 인재가, '성공 이야기'로 포장되어 '영원불멸'할 것 같았던 '전후'라는 가치 공간의 '허구성'을 폭로하였을 뿐만 아니라 전후 체제의 모순의 귀결점이라는 성격을 지니기 때문이다.

1. 한신대지진과 전후 번영이라는 '바벨탑'

1995년 1월 17일 오전 5시 46분, 진도 7.3의 지진이 간사이(関西) 지역을 덮쳤다. 사망자 6,434명, 행방불명 3명, 부상자 43,792명에 약 24만 채(46만 세대)의 건물이 붕괴되었고 피해액은 약 10조 엔에 달했다. 피해 규모로 보면, 2011년 3월 11일 동일본대지진이 일어나기 전까지 1923년 관동대지진 이래 최대 규모였다. 한신대지진을 한 시대의 '종언'이라는 관점에서 본다면, 이때 종언을 맞이한 시대는 어떤 시대였을까? '고베신문(神戸新聞)'은 사건에서 반년이 지난 1995년 8월 한신대지진 특집 연재 기사의 서두를 다음과 같이 열고 있다.

> "50번째의 '종전일'이 다가온다. 시대의 마디에 일어난 한신대지진. 생활이 그리고 도시가 한순간에 무너졌다. 전후, 차곡차곡 쌓아올려 온 것이 뿌리째 흔들렸다. 다시 우리들을 덮친 재해는 오직 달려오기만 한 날들을 다시 되묻게 만든다."[1]

이 기사는 전후 50년을 맞이하는 "시대의 마디"인 1995년에 일어난 지진을 두고 "전후, 차곡차곡 쌓아올려

---

1) 「50年目の決算　震災で問われたもの」, 『神戸新聞』, 1995.8.10.

온 것이 뿌리째 흔들"렸다고 표현하고 있다. 그리고 이제는 "달려오기만 한" 지난날을 성찰할 것을 제안한다. 즉 1945년 이래의 시대 속에 있으며 1995년의 지진으로 그 시대, 즉 전후가 흔들리고 있음을 고백하고 있는 것이다. 그렇다면 무엇을 되물어야 할까? 이 점과 관련해서 개번 매코맥(Gavan McCormack)은 고도 경제성장의 근저에 있는 전제 조건이 붕괴되어 기술과 국가에 대한 신뢰가 무너졌다고 말한다.[2]

이를 단적으로 보여주는 상징적인 건조물이 한신대지진 시 옆으로 무너진 고가 도로이다. 이 도로는 일본의 고도성장을 상징하는 대표적인 건축물이다. 지진이 일어나기 전, 하루 20만 대가 통과하는 한신(阪神)고속도로 고베선과 국도 43호선은 고도성장의 랜드마크였다. 국도 43호선은 1946년에 계획이 수립되어 도쿄 올림픽 전년인 1963년에 효고(兵庫) 현 내의 전 도로가 개통되었다. 또한 1963년에는 한신고속도로 고베선이 착공되었고 오사카 만국박람회 개최에 맞추어 고가 도로 방식을 채택해 43호선 위로 고가 도로가 건설되었다. 이 고가 도로가 지진으로 무너진 것이다.[3] 생활과 안전을 뒷전으로 미루고 효율

---

2) 개번 매코맥, 『일본, 허울뿐인 풍요』, 한경구 옮김, 창작과비평사, 1999.

성과 속도만을 쫓았던 '전후'가 한신대지진으로 종언을 맞이한 것이다. 게다가 사망자 중의 약 80%가 목조 주택의 붕괴에 따른 압사가 원인인 점에서 알 수 있듯이 고도성장 이래의 안전 신화의 숨겨진 본질이 계급적 모순을 통해 드러난 것이기도 하였다. 이른바 고도성장의 '개발주의'를 상징하는 대표적 정책인 전국종합개발이 처음 입안된 것은 1962년. 이후 제2차(1969년), 제3차(1977년), 제4차(1987년) 계획이 입안, 실시되었고 제5차 계획을 준비하던 단계에서 지진이 일어났다. 소리 노리오(惣宇利紀男)가 지적하고 있는 것처럼, 성장, 확대, 효율성만을 추구했던 고도성장의 본질이 지진으로 드러난 셈이다.[4]

　이 같은 시각과 아울러 이 재난을 정치적으로 비판하는 또 다른 시각도 존재했다. 지진이라는 미증유의 사태에 대해 일본 정부가 취했던 미진한 대응을 '전후 민주주의의 무력함'과 관련시키는 입장이다. 특히 이 시기가 자민당 정권이 아니라 무라야마 연립정권이라는 점이 크게 작용했다. 노다 노부오(野田宣雄)의 전후 비판은 그 대표적인 주장이다. 그는 칼 슈미트(Carl Schmitt)가 말하는 '예

---

3) 『神戸新聞』 1995.8.15.
4) 惣宇利紀男, 「経済と共生」, 藤原書店編集部編, 『阪神大震災と戦後日本』, 藤原書店, 1995.

외 상태'에서의 의회제 민주주의의 무력함을 원용하고 보다 '강한 국가'를 주장하면서 주로 경찰력 강화를 주창하는 정치학자이다. 미약한 국가 체제가 지도력의 결핍을 낳았고 이것은 바로 전후 민주주의의 구조적, 역사적 위약함을 노정한 것이니 강한 구심점으로 구성된 '국가 다시 만들기'에 나서야 한다는 것이 그의 주장이다.[5] 이 대목에서 상기되는 것은 1923년 관동대지진이다. 물론 이 같은 전후 비판이 관동대지진 시에 있었던 조선인과 사회주의자에 대한 대량 학살 같은 '예외 상태'를 문제 삼는 것이 아님은 말할 것도 없다. 오직 자연재해에 대한 국가의 체계적 위기관리 능력과 지도력을 문제 삼고 있을 뿐이다. 그래서 어떤 이들은 이 같은 위기적 상황에서 대일본제국에 대한 향수를 느끼기도 한다. 대표적인 예가 우파 평론가인 에토 준이다. 그는 한신대지진 직후에 관동대지진을 떠올리면서 다음과 같이 말한다.

"(1923년 9월 2일 이후의 신문 기사를 보고) 거의 내 눈을 의심할 지경이었다. '전후 민주주의'가 못 보고 있는 것, 혹은 보려 하지 않는 것이 지면에서 확연히 보였기 때문이다. 물론 희생자 수 하나만 보아도 당시는 14만 명이니 단위가

---

5) 예를 들면, 野田宣雄, 「『例外状態』における国家」, 『諸君』, 1995.6.

다르다. 도시의 양상도 당시의 도쿄 시와 고베 시는 완전히 다르다. 그러나 앞에서 든 두 가지, 황실과 군대의 움직임을 보면, 당시와 현대의 여러 격차, 즉 지금의 일본이 잃어버린 것의 실상이 여실히 드러난다."[6]

에토는 한신대지진을 경험하고 바로 관동대지진을 떠올렸다. 그리고 무언가의 '부재'에 위기감을 느꼈다. 관동대지진 시에는 군대와 황실이 있었지만 한신대지진에는 군대와 황실이 없다. 위기관리 능력이 없는 전후를 비판하기 위해, 군대와 무소불위의 권력을 휘두르는 천황이 있었던 1923년을 끌어들인 것이다. 에토 준이나 노다 노부오의 견해에 대한 당부(當否)는 제쳐두더라도 한신대지진이라는 미증유의 국가 위기 상태에서 일본 정부가 보인 무기력함은 전후 체제 속에서 그 과실을 당연한 듯이 향유하고 있었던 일본 국민들에게 국가라는 문제를 다시 생각하게 만들었다고 해도 좋다. 그리고 옴진리교 사건이 그 뒤를 잇는다. 한신대지진이, '전후'를 고도성장과 이에 의해 견인된 '개발주의'로 치장하려는 경제적 측면에서의 기억에 하나의 경종을 울린 사건이라면, '전후' 그 자체의 정신사에 경종을 울려준 사건은 바로 옴진리교 사건이다.

6) 江藤淳, 「二つの震災と日本の姿」, 『文藝春秋』, 1995.3.

2. 옴진리교와 '전후'

옴진리교 사건이란 1995년 3월 20일에 일으킨 지하철 사린 사건 등을 포함한 일련의 '범죄행위'로, 모두 29명이 사망하고 6천 명의 부상자가 발생한 사건이다. 이 사건으로 총 189명이 기소되었고 이 중 13명이 사형 판결, 5명이 무기징역형이 확정되었다. 출가 신자가 2천 명에도 미치지 못하는 신흥 소규모 종교 집단이 일으킨 충격은 정말 엄청난 것이어서 경찰청은 옴진리교를 "종교 법인을 위장한(隠れ蓑)", "반사회적 테러 집단"[7]으로 지목하였고 미디어 보도도 대체로 경찰청의 이런 시각과 크게 다르지 않았다. 그리고 사건의 원인은 이 컬트 종교 집단의 교주인 아사하라 쇼코(麻原彰晃)의 정신분열증에 두었다. 이후 테러에 가담한 주동자들의 대부분이 30대, 고학력 '명문대' 출신이라는 점이 밝혀지면서 사건의 배경으로 특정 세대의 반란이라는 세대론적인 발상도 나타났다. 또 1970년대에 일어났던 연합적군 사건과의 유사성을 지적하기도 하였다. 그리고 이들 같은 '괴물'을 낳은 전후에 대해 언설이 범람하였다.

---

7) 警察庁, 『オウム真理教-反社会的の本質とその実体』, No.260, 2000(http://www.npa.go.jp/archive/keibi/syouten/syouten260/it0.htm).

주류 미디어들이 옴진리교 사건을 아사하라 쇼코의 개인적인 정신분열증과 이에 의해 추동된 컬트 종교 집단의 '일탈 범죄'로 보고 있는 가운데 이 사건을 전후사 속에서 보려는 시도가 나타났다. 대표적인 인물이 바로 요시모토 다카아키(吉本隆明)이다. 그는 1995년의 한신대지진과 아울러 옴진리교 사건을 전후 "일본의 변곡점을 상징"하는 사건으로 보았다. 특히 옴진리교의 무차별 테러는 "20세기에서 소련 붕괴에 버금갈 정도의 큰 사건"으로, "이 점에서 전후 민주주의가 얼마나 무력한지 모두의 눈에 명확해졌으며 이는 전후 좌익 운동의 모든 래디컬리즘-과격한 반체제운동을 넘어선 것"이라고까지 말한다.[8] 1950년대부터 전후 민주주의와 현존 사회주의를 극렬하게 왼쪽에서 비판해 온 그는 옴진리교에서 가능성과 좌절의 흔적을 찾은 듯하다. 이 발언과 아울러 산케이신문과의 인터뷰에서 그는 사상가로서의 아사하라를 높게 평가한다는 입장을 밝혀 '대중으로부터 유리된 사상가'라는 원색적인 비판을 듣게 되지만, 그 주장의 정당성은 제쳐두고라도 그가 옴진리교 사건을 "전후의 변곡점"으로 포착하고 있다는 점이 눈에 띈다.

---

8) 吉本隆明, 『遺書』, 1998 ; 『私の「戦争論」』, ぶんか社, 1999.

'일탈 범죄'라는 주류 미디어들의 시각, 그리고 전후 민주주의에 대한 저항적 시도라는 정치적 해석과는 달리, 이 사건을 전후 민주주의가 낳은 필연적인 사건으로 보는 우파들의 단골 메뉴도 등장했다. 예를 들면 도쿄대학 교수를 지낸 정치인 마스조에 요이치(舛添要一)는 옴진리교를 분석한 책 서문에서 다음과 같이 쓰고 있다.

> "'전후 민주주의'가 낳은 '뱀의 알'이 전후 50년에 부화해 독사가 된 것이 옴진리교이다. 이 흉기 같은 집단에 대해 말하는 것은 일본의 전후 50년 행보가 쌓아 온 병리를 백일하에 드러내는 것이다. 이 병이 얼마나 심각한지를 이해하기 위해서는 가령 추악하다 해도 그 실태를 직시하는 수밖에 없다."9)

옴진리교를 전후 민주주의, 혹은 더 나아가 민주주의 그 자체가 만들어낸 사건으로 바라보는 시선은 이에 그치지 않는다. 옴진리교뿐만 아니라 학원 폭력, 청소년 범죄, 원조교제 등과 같이 1990년대 일본을 떠들썩하게 만든 사건을 이른바 '공(公)'을 무시하고 오직 '개(個)'만을 중시해 온 전후 민주주의 교육의 귀결점으로 보는 만화가 고바야

---

9) 舛添要一, 『戦後日本の幻影<オウム真理教> : 彼らはどこか来て、どこへ行くのか!?』, 現代書林, 1995.

시 요시노리(小林よしのり)의 견해도 마찬가지이다.[10]

사실 이 같은 견해는 이 두 사람의 견해라기보다는 일본 사회 전체의 분위기였다. 이런 견해에 대해, 옴진리교에서 정치적 파시즘을 떠올리며 전후 민주주의를 사수하여야 한다는 입장에서 발언한 것이 바로 마루야마 마사오(丸山真男)이다. 그는 만년에 옴진리교 등의 일본 상황을 놓고, "나의 청년 시절을 생각하면, 일본 전체가 옴진리교였다고 생각한다. 밖에서는 통용되지 않는 것이 안에서는 당당하게 통한다. 다른 각도에서 다른 조명을 쏘는 것이 불가능하다. 지금도, 이전에도 '타자 감각의 부재'가 문제이다. 한 사람 한 사람의 지적 수준은 높은데, 막상 판단할 때가 되면 왠지 이상해진다."[11]라고 말한다.

한신대지진이나 옴진리교에 대한 이들의 언설을 보면, 사건을 돌발적이고 일회적인 것이 아닌, 전후 사회 흐름의 귀결, 즉 어떤 '변곡점'으로 받아들이고 있다는 공통점이 있다. 마루야마는 옴진리교 자체에서 전전 파시즘을 떠올리며 전후 민주주의를 옹호하고 있고, 요시모토 등은 전후 민주주의의 한계를 떠올리면서 옴진리교를 래디컬

---

10) 권혁태, 「일본의 전후 민주주의와 '인권'」, 성공회대 인권평화연구소 편, 『동아시아 인권의 새로운 탐색』, 삼인, 2002.
11) 丸山真男手帖の会, 『丸山真男手帖』, 24号, 2003.1, 42~43쪽.

한 운동으로 간주하려 했다. 마스조에, 고바야시 요시노리 등의 우파는 옴진리교를 전후 민주주의라는 '악'이 낳은 필연적인 귀결로 보면서 전후 민주주의의 타파를 주장한다. 다시 말하면 옴진리교에 대한 이들의 시선은 옴진리교가 아니라 일본의 '전후'에 대한 평가와 교차하고 있는 것이다.

하지만 지식인 집단의 객관적인 '거리 두기'와 이에 입각한 시선과는 다른 차원에서 옴진리교에 대해 일정한 공감을 나타내는 사람들도 적지 않았다. 예를 들면 오사와 마사치(大沢真幸)는 '옴진리교 교단 시설 철거 요구 데모'[12]를 보고 느낀 위화감을 거론하며, "옴진리교를 정면에서 비판하거나 공격하는 쪽이 점차 옴과 닮아가는 구도" 속에서 신자에 대한 일종의 공감을 느끼며, "옴 신자에 대한 정보를 대량으로 모아 그들에 대해 알아가면 갈수록 그들이 대체로 우리들과 아주 많이 흡사하다는 점을 발견"한다고 말한다.[13] 또 무라카미 하루키(村上春樹)도 이 사건을 보도하는 미디어의 기본자세가 "〈피해자=무구한 사람=정의〉라는 '이쪽'과, 〈가해자=더럽혀진 자=악〉이

---

12) 옴진리교 교단 시설이 자리하고 있는 지역의 주민들이 정신적 고통과 불안을 이유로 교단 시설의 철거를 요구하는 집회, 데모, 청원을 행한 것을 말한다.
13) 大澤真幸, 『增補　虛構の時代の果て』, 筑摩書房, 2009, 28, 32쪽.

라는 '저쪽'을 대립시키는" 이분법에 있음을 지적한다.[14]

또 후에 이른바 로스트제너레이션(잃어버린 세대)의 대표적인 논객으로 유명해진 아카기 도모히로(赤木智弘)는 자신의 사상적 '변천'('전향'이라 표현하지 않는다)의 계기를 1995년 옴진리교 사건에 두면서 "나는 '악(惡)의 옴 신자'에 대한 공포보다도 표층적인 정보만으로 옴 신자라는 악을 뿌리째 뽑아 없애버리려는 '사회의 정의' 쪽에 훨씬 강한 공포를 느꼈다. 그리고 그 공포는 '기득권익층에게만 자유와 평등과 안심과 안전을 보장하려는 현상'으로, 말 그대로 지금 내 눈앞을 가로막고 있다."[15]라고 말한다. 아카기는 옴진리교에 적대하는 체제 측의 '정의' 속에서 기득권층의 에고를 보면서 옴진리교를, 자신을 괴롭히고 있는 기득권에 대한 '반란'의 징후로 읽고 있는 셈이다. 또한 '잃어버린 세대'를 대표하는 또 한 명의 논객 아마미야 가린(雨宮処凛)도 옴진리교 신자들이 "나에게 없는" "사는 의미"를 가지고 있음에 "열광"했음을 숨기지 않는다.[16]

오사와 마사치는 1958년생이니 옴진리교 지하철 사린 사건이 일어났을 때 30대 후반이었다. 그리고 아카기

---

14) 村上春樹, 『アンダーグラウンド』, 講談社, 1999, 691~692쪽.
15) 赤木智宏, 『若者を見殺しにする国』, 双風社, 2007, 121쪽.
16) 雨宮処凛, 「ようこそ!バブル崩壊後の焼け野原へ」, 中西新太郎, 『1995年─未了の問題圏』, 4쪽.

도모히로와 아마미야 가린은 모두 1975년생이니 당시 20세였다. 세대론의 구분에 따르면, 오사와는 포스트 단카이 세대이고 아카기와 아마미야는 모두 주니어 단카이 세대이다. 그렇다면 오사와가 옴진리교에 대해 '우리들과 아주 많이 흡사하다'고 느끼는 이유는 무엇일까? 혹은 아카기 도모히로가 옴진리교에서 자신이 혐오하는 기득권층에 대한 반란의 징후를 읽은 것은 왜일까? 또한 아마미야 가린이 옴진리교에서 자신에게 없는 '사는 의미'를 발견하게 된 것은 왜일까? 이 물음에 답하기 위해서는 옴진리교가 내걸었던 아마겟돈의 '사상'과 이 '사상'이 전후 체제와 어떤 관련이 있는지를 읽어내야 한다.

3. 교주 아사하라 쇼코의 '신체'를 통해 이어지는 전후

옴진리교를 일본의 전후와 연관시킬 때, 무엇을 말할 수 있을까? 이 점과 관련해서 먼저 작가이자 사진가인 후지와라 신야(藤原新也)가 2006년에 발표한 『황천의 개』를 참고할 필요가 있다.[17] 후지와라는 "부모들은 전쟁이 끝

---

17) 후지와라 신야, 『황천의 개』, 김욱 옮김, 청어람미디어, 2009.

난 후 '생산 공장' 외에는 아무것도 물려주지 않았다. 인간적인 아름다움이나 가족 및 인간의 관계에 대해서는 아무 말도 하지 않았다. 옴진리교의 아이들이 세운 사티안은 그에 대한 결과물이다."라고 말하면서 전후 체제의 비인간적인 개발주의에 그 책임을 돌린다. 사티안이란 산스크리트어로 진리라는 뜻이지만, 여기서는 야마나시(山梨)현 가미쿠이시키(上九一色)에 점재(點在)되어 있던, 창문조차 거의 없는 공장 같은 교단 건물을 뜻한다. 이 폐쇄적인 건물은 외계(外界)와의 철저한 차단과 소통 거부를 드러내는 교단과 이곳 거주자들의 의지 표현이다. 이 답답하기 짝이 없는 소통 거부의 건물에 젊은 층들이 모여들 수밖에 없었던 이유를, 후지와라는 그 부모들이 살았던 경제 제일주의의 '전후'에 두고 있는 것이다.

이 같은 견해는 새삼스럽지 않다. 예를 들면 '새로운 역사 교과서를 만드는 모임'(새역모)의 대표를 지낸 다카사키(高崎) 경제대학의 우파 법학자 1962년생 야기 히데쓰구(八木秀次)도 같은 경험을 이야기한다. 그는 옴진리교에 입교한 한 청년과 어머니의 대화를 다음과 같이 소개하고 있다. 옴진리교 신자 아들을 둔 어머니가 아들에게 묻는다. "지금 생활에 뭐가 불만이니? 뭐든지 다 사주었고 하고 싶은 일은 다 하게 해주었잖아. 아무런 부족함 없이 자유롭게 키웠는데." 도쿄대학을 졸업한 30대 아들이 답한다. "부모님은 이것저것 간섭은 했지만 남녀 관계라든가 사람이 산다는 것이 무엇인지 같은 것은 전혀 가르쳐 주지 않았다. 그때 옴진리교를 알게 되었고 이거라고 생각했다."

이 남성 신자와 같은 세대였던 야기는 이 청년에 동감을 표시하면서 기존의 가족이나 교육이 '자유'나 '물질'은 가르쳐 주었어도 사람에게 불가결한 윤리는 가르쳐 주지 않았다고 말한다. 그리고 야기는 그러한 학교와 가정에서 채워지지 않는 공허함을 조상 대대로 내려오는 역사 공동체인 '일본'에 대한 귀속의식에서 찾았다고 말한다.[18] 옴진리교가 '새역모'와 심정적으로 혹은 세대적으로 어떤 심리적 기반을 공유하고 있는지를 보여주는 대목이다. 결국 물질이 채워주지 않는 그 무언가를 국가에서 찾고 이를 통해 내셔널리즘으로 치닫게 되었다는 야기의 설명은 자신의 우파적 '귀의'를 사후에 살 붙이고 있다는 느낌이 들지만, 어쨌든 야기로 대표되는 1990년대의 20, 30대가, 전후 체제가 쌓아올린 가치 체계에서 부유하고 있는 존재였다는 것만은 분명하다. 다시 후지와라로 돌아가 보자.

---

18) 平石直昭,「現代日本の「ナショナリズム」」,『社会科学研究』, 58-1, 東京大学, 2006.9, 12~13쪽에서 재인용.

후지와라는 옴진리교와 1990년대에 '발견'된 '히키코모리'
(Social withdrawal) 현상과의 유사성을 다음과 같이 말한다.

"1990년대의 이 컬트 종교에 귀의한 청년들의 내향적 경향
은 오늘날 많은 청년들에게서 쉽게 발견할 수 있는 히키코
모리 현상과 유사한 점이 많다. 히키코모리가 현실 사회와
외계에 대한 기대와 희망을 상실하고 대인공포증을 보여주
는 병적 증세에 가깝다고 한다면, 옴진리교 청년들은 사회
를 극단적으로 부정한 나머지 스스로의 영역과 외부 사이
에 단단한 바리케이드를 설치하고 그들만의 독자적, 내향
적 세계관에 갇혀버린 이들이다. 이들은 그 깊이는 다를지
언정 오늘날의 청년들이 공통적으로 겪고 있는 고독감과
비슷한 감정에 괴로워했던 사람들이다. 가령 히키코모리
같은 극도의 자폐적 성향이 일본이라는 사회시스템을 향해
절망과 적대의 감정을 표출하는 반항이라고 하더라도, 혹
은 내성을 통해 진아(眞我)를 발견하는 행위였다고 하더라
도 말이다."19)

즉 야기나 후지와라는 옴진리교를 전후 체제(혹은 우
파들이 비난하는 전후 민주주의라 해도 좋다)의 일탈 행
위로서가 아니라 전후 체제 그 자체가 배태한 결과물, 다
시 말하면 전후 체제의 구성 요소 중의 하나로 본다. 그래

---

19) 후지와라 신야, 『황천의 개』, 13쪽.

서 전후 체제가 낳은 "외부에 대한 젊은 세대의 극단적인 거부"가 1995년 발생한 옴진리교 사건을 통해 더욱 폭력적인 형태로 나타났음을 말한다.[20] 즉 후지와라는 전쟁 종결 후 고도성장으로 치장된 전후 체제의 '성공 이야기'에 가려져 있던 '히키코모리' 현상과 옴진리교에 입교한 청년들의 심정을 일본이라는 사회시스템을 향한 절망과 거부의 몸짓으로 이어내고 있다. 야기는 국가에서 그 답을 찾았고 옴진리교는 '일본 파괴'에서 그 답을 찾았다. 하지만 이도 저도 찾지 못한 청년들은 계속 사회와의 대화를 거부하는 히키코모리 상태에 있을 뿐이다.

그렇다면 교주 아사하라의 일본 사회에 대한 원념(怨念)은 개인적인 것일까? 후지와라는 아사하라 쇼코의 시력장애라는 '신체적 사건'에서 전후 체제가 억압해 온 1960년대 이래의 모순을 찾아낸다. 이는 거의 모든 미디어가 무시했던 점이다. 아사하라 쇼코의 고향은 규슈(九州) 구마모토(熊本)의 야쓰시로(八代)이다. 수은중독으로 알려진 미나마타(水俣)와 바다를 사이에 두고 이어지는 곳이다. 후지와라는 아사하라의 시력장애가 수은중독, 즉 미나마타병에 의한 것임을 아사하라의 형의 증언을 통해

20) 후지와라 신야, 『황천의 개』, 100쪽.

밝혀냄으로써, 아사하라 쇼코의 '기이한 원념'과 '일본 파괴'의 충동이 미나마타병에 그 역사적 뿌리가 있음을 제시한다. 후지와라는 다음과 같이 말한다.

"저 아이들이 태어나고 자라난 최근까지 부모와 국가는 후지산과 미나마타의 아름다운 풍경을 파괴하고 유화수소와 수은 같은 화학물질을 방류해 왔다. 아이들의 부모와 국가는 지하철에서 사린가스를 마시고 죽은 사람들보다 100배나 더 많은 선량한 시민들을 죽여 왔다.", "나의 망막은 유카타를 입은 채 마루에 누워 온몸을 떨고 있는 1968년의 어부와 지하철의 플랫폼에 쓰러져 온몸을 떨고 있는 1995년의 시민을 구별하지 못한다. 이것은 그저 카르마(인과)일 뿐이다."21)

후지와라는 옴진리교가 지하철에 살포한 사린가스로 지하철 플랫폼에 쓰러져 신음하는 시민들의 고통스러운 모습에서 1968년 미나마타병으로 쓰러져 고통 받는 미나마타의 어부를 떠올린다. 그리고 이 두 사건을 카르마(Karma), 즉 업보로 이어낸다. 그는 옴진리교 사건을 교주 "아사하라 쇼코의 지극히 개인적인 정신분열"로 보는 주류 언론과는 달리, 전후 체제의 모순이 교주 아사하라 개

---

21) 후지와라 신야, 『황천의 개』, 22~23쪽.

인의 '신체적 사건'을 통해 '일본 파괴'의 운동으로 이어진 것이라 본다. 따라서 아사하라의 '일본 파괴'의 원인은 "미나마타의 수은에 있으며 그럼에도 불구하고 환자로 인정받지 못한 채 방치된 것이라면 그 원한이 사회와 체제를 향하는 것도 충분히 이해될 만하다."라고 말한다.[22]

후지와라의 말이 맞다면, 1950년대 이래 미나마타병이 표면화되었음에도 불구하고 이에 대한 국가책임을 인정하지 않으려 했던 일본이라는 국가, 그리고 이를 지탱한 전후 체제의 암부(暗部)가 1990년대에 들어서 옴진리교 사건을 통해 그 모습을 드러낸 셈이다. 이렇듯 옴진리교 아사하라 교주의 '신체적 사건'을 통해 미나마타병과 옴진리교 사건이 이어지고 있다면, 1995년 옴진리교가 실행에 옮겼던 극단적인 폭력은 일본이라는 전후 체제가 가지고 있는 '폭력성'에 대해 그 피해자가 외친 방어적 절규였다고도 볼 수 있다. 이 점에서 옴진리교의 '심정'은 전공투 운동의 그것과도 역사적으로 이어지는 측면이 있다. 전공투도, 옴진리교도 일본이라는 국가를, 그리고 전후 체제를 부정했다는 점에서 공통적이기 때문이다. 하지만 그렇다고 해서 미나마타병과 관련 없는, 아니 그 사건조

---

22) 후지와라 신야, 『황천의 개』, 100~101쪽.

차 기억하지 못하는 포스트 전공투 세대들이 아사하라의 '신체적 사건'인 옴진리교에 가담하게 된 내적 동기가 자동으로 밝혀지는 것은 아니다. 이 점에 대한 후지와라의 견해는 이렇다.

> "옴진리교의 특징인 현실에 대한 자폐성은 아사하라 개인의 신체적 결함에서 비롯된 것이다. 그런데 아사하라와는 아무런 공통 항목이 존재하지 않는 도시의 평범한 청소년들이 너무나 쉽게 옴진리교에 빠져들었고, 그 어둠의 도가니에서 열광적으로 정열을 발산했다. 이는 도시에서 태어나 도시에서 성장한 청소년들의 내면에도, 아사하라와는 그 회로가 다르지만, 어쨌든 현실 사회에 대한 자폐성이 깔려 있다는 가정을 가능케 한다. 다시 말해 아사하라와 도시의 청소년들은 전혀 다른 개인사를 가지고 있지만, 그들의 정신과 신체는 현실과의 차단이라는 공통적인 지향성을 보여주었다. 그래서 아사하라와 도시의 청소년들은 쉽게 한덩어리가 될 수 있었던 것이다."[23]

후지와라는 젊은 세대의 자폐성이나 히키코모리 현상을, 전후 체제의 모순 속에서 배태되었으면서도 방치되어온 아사하라의 '신체'로 이어냄으로써 "현실과의 차단이

---

23) 후지와라 신야, 『황천의 개』, 100~101쪽.

라는 공통적인 지향성"을 가지고 청년들과 아사하라가 한 덩어리가 되었다고 말한다. 그렇다면 옴진리교의 교주 아사하라가 자신의 신체화된 원념을 '일본 파괴'라는 극단적인 폭력으로 분출한 사태에 대해 왜 젊은 층이 아사하라와 한 덩어리가 되었는지를 설명하지 않으면 안 된다. 그 핵심에 다가서는 데 무엇보다 중요한 것은 이 젊은 층을 지배한 소비사회와 서브컬처의 문제이다. 실제로 옴진리교와 서브컬처의 근접성에 대해서는 많은 논자들이 지적하고 있다.

제4장
소비사회와
세대론

- "태양족이 유행했을 무렵에는 아무나 요
- 트를 가질 수 없었지요. 무라카미 류(村上
- 龍)의 소설 주인공처럼 훗새(福生)에서 마
  약을 하는 사람도 적었어요. 하지만 지금
  은 브랜드 상품을 한 개라도 가지면 누구
  라도 이런 기분을 맛볼 수 있거든요. 누
  구에게나 일어날 수 있는 일이지요."

소비사회와 세대론

"예를 들면 텔레비전에서 아침 뉴스를 보면서 빵과 커피를 든다. 점심에는 엔카가 흘러나오는 식당에서 만화 잡지를 보며 볶음밥을 먹고, 저녁에는 록 콘서트를 본 다음, '무국적요리'라는 간판이 달린 가게에서 에스노 팝(월드 뮤직이라 불린다)을 들으며 식사를 한다. 물론 정종을 마실 수도 있다. 프랑스제 진 바지에 이탈리아 브랜드의 셔츠, 미국제 브랜드를 붙인 한국제 아웃도어용 스포츠 슈즈를 신고 거리를 활보한다. 이는 어디에도 중심이 없는, 말 그대로 '현대 문화의 문화도 제로' 같은 광경을 만들어 내고 있다. 범람하는 기호(記號)의 차이. 이 같은 광경이 우리들의 일상이 되었다. 이러한 것이 바로 일본적 '포스트모던'의 광경일까?"[1]

---

1) 柏木博, 「文化度「ゼロ」の社会」, 『情況』, 1990.8, 87쪽.

위 인용문은 디자인 평론가 가시와기 히로시(柏木博)가 그린 1980년대의 소비 풍경이다. 1946년생으로 넓은 의미의 단카이 세대에 속하는 가시와기가 이 글을 쓴 때는 40대 중반이었던 1990년도이다. 때는 바야흐로 히로히토가 죽고 냉전이 해체되기 시작했으며 버블 경기가 끝물에 달하던 시점이다. 가시와기 견해의 당부(當否)가 어찌되었든 필자가 주목하고 싶은 것은 1980년대에 나타난, 가시와기가 말하는 '중심 없는 소비의 풍경'이다. 가시와기는 1980년대 일본 사회의 문화적 뿌리가 없는, 즉 '중심'이 없는 소비의 천박함을 빗대어 "문화도 제로"라고 형용하고 있다. 아마 그는 여유로우면서도 어딘가 천박하게 보이는 이 시기 일본 사회의 '풍요로운' 소비 풍경에 당혹감을 느끼고 이를 포스트모던의 모습이라 형용한 것 같다. 여기서 그가 말하고 싶은 것은 아마 '무국적'이고 탈중심적이며 탈문화적인 소비에 대한 단카이 세대의 당혹감이었을 것이다.

또 1970년대 후반에서 1980년대 전반까지의 일본 사회 모습을 1951년생 정치학자 히로오카 모리호(広岡守穂)는 다음과 같이 묘사한다. A라는 젊은 회사원이 있다. 그는 상사로부터 회사에 남아 잔업을 하라고 업무명령을 받아도 이를 이행하지 않는다. 애인과 데이트 약속이 있다는 이유에서이다. 혹은 서둘러 집에 가서 만화나 게임을 해야 하기 때문이다. 어찌 되었든 회사 일을 우선하지는 않는다. 하지만 업무명령의 부당성 때문에 해고의 위험이 있음에도, 정작 이 위험으로부터 자신을 지켜주는 노동조합에 대해서는 부정적이다. 게다가 지지 정당도 없다. 굳이 지지하는 정당을 꼽는다면 자민당을 꼽는다. 히로오카는 이를 '포스트모던 보수주의'라 형용하면서 다음과 같이 말한다.

"데이트 같이 재미있는 것, 자동차의 이런 저런 차종, 마(麻)로 만든 헐렁헐렁한 DC브랜드 자켓 같은 것에는 관심이 높은, 나름대로 '고감도의 인간'이다. 일견 '근대적'인 주체성을 가지고 있는 것처럼 보인다. 그런데 그 내실을 보면, 끈기, 성실, 묵직함 같은 것에는 콧방귀도 안 뀐다. 당당하게 콧방귀를 안 뀌는 것이 아니라, 본디 아무런 흥미가 없기 때문에 잘 모르는 것이다. 얽매이기 싫다는 마음이 우선 앞선다. 이를 '탈정치화'라 부르지 않으면 뭐라 부를 것인가?"[2]

잔업을 거부하는 1980년대 젊은 회사원의 모습은 수

---

2) 広岡守穂, 「跳梁する「ポスト・モダン保守主義」, 『世界』, 1986.10, 73~74쪽.

당도 없는 잔업을 군말 없이 받아들이고 회사를 가족처럼 여기던 단카이 세대의 '기업 전사' 같은 모습과는 대조적이다. 하지만 히로오카가 주목하는 것은 잔업을 거부하는 젊은 회사원의 주체성에 관한 이야기만이 아니다. 그보다는 "끈기, 성실, 묵직함" 같은 근대적 노동규율을 따르지 않고 소비 상품 같은 것에만 열심인 포스트모던적인 젊은 이에 대한 당혹감과 동시에 이들이 보여주는 탈정치적 모습에 대한 분노이다.

이렇게 보면 넓은 의미의 단카이 세대인 두 지식인이 1980년대의 일본 사회를 바라보는 시선에는 공통점이 보인다. 소비사회의 탈맥락적인 존재 양식에 대한 당혹감과 함께 새로운 젊은 세대의 탈정치화에 대한 '분노'이다. 그리고 이를 '포스트모던'이라 형용한다. 사실 이 같은 모습과 이 모습을 그려내는 이론이 포스트모던인지에 대해서는 이론(異論)이 있을 수 있다. 하지만 중요한 것은 단카이 세대가 1980년대의 새로운 소비사회에 대한 비판을 포스트모던으로 형용하고 있다는 점이다. 그렇다면 단카이 세대인 가시와기와 히로오카에게 당혹감을 안겨준 1980년대 소비사회의 정체(正體)를 다루어야 한다. 그리고 이들이 정치적으로 어떻게 귀결되었는지를 분석해야 한다. 이 장에서는 옴진리교에 참여한 세대들을 중심으로 이들 세

대가 가졌던 문화적 기제가 왜 옴진리교라는 신흥종교로
응축되었는지, 그리고 이 사건이 의미하는 바가 무엇인지
를 알아보기 위해 세대와 소비사회를 다룬다.

1. 세대를 둘러싸고

앞 장에서는 1995년의 한신대지진과 옴진리교 사건
을 둘러싼 언설을 예로 들어, 이 두 사건이 시대의 흐름과
는 무관한 돌발적이고 예외적인 사건이 아니라 '전후'라는
시공간 속에서 배양되고 방치된 문제가 폭력적으로 드러
난 것임을 밝혔다. 그렇다면 특히 옴진리교의 '일본 파괴'
라는 극단적 폭력 행위에 가담하거나 심정적으로 동조한
젊은 층을 어떻게 이해해야 하는지의 문제가 남는다. 이
물음에 답하기 위해서는 옴진리교가 내걸었던 사상과 이
들 세대의 시대적 감수성 사이의 상관관계를 이해하여야
한다. 이를 위해서는 옴진리교 신자들을 연령, 학력, 소득
등과 같은 각종 사회적 지표로 나누고 이를 사회적인 상
황과 관련해 체계적으로 분석하는 작업이 필요하지만 현
재로서는 종합적인 자료가 존재하지 않는다. 그래서 이
글에서는 각종 혐의로 검거된 옴진리교 간부들의 연령과

경력을 통해 이 문제에 대한 간접적인 실마리를 찾아보고자 한다.

〈표 2〉에 따르면, 검거된 총 28명 중, 연령으로는 1960년대 태생이, 학력으로는 대졸 이상의 고학력층이 다수를 차지하고 있다는 점을 확인할 수 있다. 이들의 '입교'가 대체로 1980년대이고 옴진리교 사건이 표면화된 것이 1990년대라는 점을 감안하면, 이들의 옴진리교 합류와 활동 연령이 대체로 20~30대에 걸쳐 있다고 볼 수 있다. 이런 간단한 결과에서 옴진리교와 그 현상에 접근하는 두 가지 방법을 상정해볼 수 있다. 하나는 이른바 세대론이고 또 하나는 학력 엘리트주의 문제이다. 먼저 엘리트주의와 관련해서, 평론가 고하마 이쓰로(小浜逸郎)는 옴진리교의 고학력 중심에서 전공투 운동과의 유사성을 찾는다.

> "지적으로 탁월한 인간은 실존적으로 고독한 조건하에 놓이는 경우가 많고 현실에서 유리된 허공의 방향으로 자신의 생을 결정짓기 쉽다. 그들은 세속의 현실 세계에 제약되지 않는 '이념', '원리', '관념'을 찾으려 한다. 가시적인 것에 착지하지 않고 상승과 확대의 가능성을 예감하는 분위기를 가진 것에 강하게 이끌린다."[3]

---

3) 小浜逸郎, 『オウムと全共闘』, 草思社, 1995, 13쪽.

오하마는 "현실에서 유리된 허공의 방향"으로 자신을 내몰기 쉬운 고학력 엘리트들의 '심정'에서 전공투 운동 및 옴진리교와의 유사성을 찾고 있다. 옴진리교 세대가 대학에 입학한 시기는 대체로 1980년대이고 이 시기는 일본 경제의 호황이 최고조에 달하던 시점이다. 대학 진학률이 30%를 넘어 40%에 육박하던 대학 대중화의 전성기이기도 하다. 이에 반해 전공투 운동은 일반적으로 1947~1949년에 출생한 단카이 세대 중심의 운동이다. 이들이 대학에 진학한 시기는 대체로 1960년대 중반에서 후반까지이다. 이때의 대학 진학률은 20% 중반 정도였다. 소수의 제국대학 중심이었던 1950년대까지의 대학의 위상에서 볼 때, 1960년대 이후의 전공투 운동은 엘리트 중심의 대학이 점차 대중화의 흐름에 접어들던 시기에 일어났다. 즉 전공투 운동은 대학이 엘리트 교육기관에서 대중화 단계에 접어드는 시대의 마디에 일어났다고 볼 수 있다. 따라서 대학 대중화의 전성기에 일어났던 옴진리교 사건을 대학 대중화의 진입기에 있었던 전공투 운동과 비교해, 이를 모두 대학 엘리트주의로 묶어 내는 것에는 무리가 있어 보인다.

〈표 2〉 옴진리교 주요 간부의 인적 사항

이름	생년	학력경력	비고	이름	생년	학력경력	비고
아사하라 쇼코 (麻原彰晃)	1955	맹학교 졸	사형	고시카와 신이치 (越川真一)	?	고마자와대학	징역 10년
마쓰모토 도모코 (松本知子)	1958	고졸, 교주의 처	징역 6년	이이다 에리코 (飯田エリ子)	?	문화여자대학, 닛산화재보험	징역 6년
무라이 히데오 (村井秀夫)	1958	오사카대학원 이학석사, 고베제강	1995년 사망	요코야마 마사토 (横山真人)	1963	도카이대학 물리학과, 오키전기	사형
하야카와 기요히데 (早川紀代秀)	1949	오사카대학원 석사, 고노이케건설	사형	기타무라 고이치(北村浩一)	1968	고졸	무기징역
니이미 도모미치 (新実智光)	1964	아이치학원대학	사형	도노자키 기요타카 (外崎清隆)	?	고졸	무기징역
이노우에 요시히로 (井上嘉浩)	1969	니혼대학 중퇴	사형	하야시 야스오 (林泰男)	1957	공학원대학 졸	사형
오카자키 가즈아키 (岡﨑一明)	1960	고졸, 제약회사	사형	도요타 도루(豊田亨)	1968	도쿄대학 물리학과 박사과정 중퇴	사형
나카가와 도모마사 (中川智正)	1962	토부립대학 의학부 졸, 의사	사형	히로세 겐이치 (広瀬健一)	1964	와세다대학원 물리학과 석사	사형
아오야마 요시노부 (青山吉伸)	1960	교토대학 법학부 졸, 변호사	징역 12년	스기모토 시게오 (杉本繁郎)	1959	오카야마상과대학, 증권회사	무기징역
하야시 이쿠오 (林郁夫)	1947	게이오대 의학부 졸, 의사, 미국유학	무기징역	와타베 가즈미 (渡部和実)		도쿄공업대학 기계과 졸, 대기업	징역 14년

엔도 세이이치 (遠藤誠一)	1960	오비히로축산 대학원 박사 중퇴, 수의사	사형	나카무라 노부루 (中村昇)	1967	가나가와대학 중퇴	무기 징역
쓰치야 마사미 (土谷正実)	1965	쓰쿠바대학원 이학석사 (박사 중퇴)	사형	히라타 사토루 (平田 悟)	1965	고졸	징역 15년
오우치 도시야스 (大内利裕)	?	침구사	징역 8년	도미타 다카시 (富田隆)	1958	니혼대학 이공학부 중퇴	징역 17년
하시모토 사토루 (端本悟)	1967	와세다대학 중퇴	사형	도미나가 마사히로 (富永昌宏)	1969	도쿄대학 의학부 졸, 의사	징역 15년

<주> : 공표된 각종 자료를 중심으로 작성.

게다가 "허공의 방향"이라는 표현은 후술하는 '허구의 시대'라는 사회학자들의 분석으로 이어질 수 있는 주장이지만, 어찌 되었든 이 주장이 사실이라 해도 수없이 많은 "허공의 방향" 중에서 왜 하필이면 이들이 옴진리교를 받아들이고 이를 극단적인 폭력의 형태로 분출시켰는지에 대한 답이 되지는 않는다. 도대체 옴진리교의 어떤 면이 청년들의 마음을 사로잡았고 이들을 어떻게 폭력으로 내몰았으며 또 이런 일이 왜 1990년대 중반에 발생했는가? 역시 세대론적 발상이 필요한 대목이다. 물론 옴진리교를 특정 세대의 문화적, 정치적 '반란'으로만 이해하는 것은 지나치게 단순하다. 하지만 옴진리교 사건이라는 이

해할 수 없는 돌발 사태가 발생했을 때 동시대의 젊은이들이 동조의 심리를 보였다는 점을 어떻게 이해할 것인지, 그 실마리를 풀기 위해서는 일단 세대론적 접근이 유효하다.

'세대'의 사전적 의미는 "같은 시기에 태어나 시대 경험을 공유함으로써 사고방식, 행동 방식, 취미 등에서 공통점이 발견되는 일정한 연령층"을 말한다. 대체로 30년 주기로 나타나는 생물학적 인구구성 변화라는 요인에 더해, 공통된 사고와 행동을 전제로 한다. 특히 근대화가 단시간 내에 압축적으로 진행되는 후발 산업국에서는 인구구성의 생물학적 주기 변화 이상으로 사회변동의 속도가 빠르기 때문에 세대 간 계승보다는 세대 간 격차의 요인이 훨씬 더 크게 나타난다. 일본에서 세대론적 발상이 훨씬 많이 나타나는 요인도 압축적 근대화라는 요인 때문일 것이다.

현재 일본에서 주로 사용되는 세대 구분은 대체로 다음과 같다. 1947~49년 태생을 단카이(団塊) 세대, 1950~64년 태생을 '시라케' 세대, 1965~69년 태생을 버블 세대, 1970~86년 태생을 '잃어버린 세대'로 구분하는 방식이다. 단카이 세대란 패전 직후에 태어나 1960년대에 청년기를 맞이하면서 학생운동 같은 극심한 정치적 격변기에 휘말린 세대이다. 정치적으로는 자본주의에 반대하면서도 고도성장이라는 자본주의의 혜택을 가장 많이 누린 세대이기도 하다. 여기서 사용되는 단카이라는 말은 작가 사카이야 다이치(堺屋太一)가 1976년에 발표한 『단카이(団塊)의 세대』에서 유래했다. 본래 사카이야는 1947~49년에 태어난 전후 베이비 붐 세대의 양적인 비중에 주목해서 "퇴적암 속에 들어 있는, 주위 암석보다 단단한 자생광물의 집합체"라는 뜻을 지닌 nodule을 단카이로 번역하였다.[4] 따라서 단카이 세대라는 말에는 다른 세대와는 질적으로 다른 속성을 지니고 있다는 뜻이 담겨 있다.

실제로 1947~49년 태생의 일본인은 약 800만 명에 이를 정도로 양적으로 절대적인 비중을 차지한다. 게다가 단카이 세대는 패전 직후에 태어나서 민주주의 교육을 받고 고도성장의 절정기에 대학에 입학한 세대이다. 이런 특수한 조건 때문에 이들 세대는 정치적이고 교양주의적인 전전 세대(1920년대 이전 태생) 및 전중 세대(1920년대 태생)와, 탈정치적·개인주의적 대중 소비 세대인 1970년대 이후의 '시라케' 세대(포스트 단카이 세대), 신인류, 단

---

4) 堺屋太一, 『団塊の世代』, 講談社, 1976. 이 소설은 1947년에서 1949년 사이에 태어난 단카이 세대인 대졸 샐러리맨이 1980년대를 어떻게 살아가는지를 다룬 근미래 기업 소설이다.

카이 주니어 세대의 중간점에 위치하는 세대로 주목을 받아 왔다. 여기서 말하는 '시라케' 세대란 일본의 학생운동이 쇠퇴기에 접어든 시점에 성인이 된 특정 연령층을 지칭하는 용어로, 정치적 무관심과 세상에 대한 냉소적인 태도를 특징으로 한다.

신인류 세대는 대체로 1961~70년 태생으로 성인 진입기에 경제적 풍요로움을 맞이한 세대라 할 수 있다. 포스트 단카이 세대도 이와 겹친다. 버블 세대는 대체로 1985년 이후의 경제적 호황기인 '버블 경제'기에 성인 연령에 진입한 세대로, 경제적 풍요로움의 혜택을 집중적으로 누린 세대이다. 또 '잃어버린 세대'는 버블 세대와는 달리, 대체로 대불황기에 접어든 1990년대 중반 이후 성인 연령에 진입한 세대로, 비정규직, 실업, 양극화(격차 사회)라는 사회적 불안정에 집중적으로 노출되었던 세대이다. 이들은 대체로 단카이 세대의 자식 세대에 해당한다는 의미에서 '주니어 단카이 세대'라고도 한다. 여러 구분법이 있으므로 이 글에서는 일단 넓은 의미에서 1960년대에 성인기를 맞이한 세대를 '단카이 세대'라 하고, 학생운동이 쇠퇴기에 접어든 1970년대부터 1980년대에 성인기를 맞이한 세대를 '포스트 단카이 세대'로, 1990년대 불황기에 성인기를 맞이한 세대를 '주니어 단카이 세대'로 규정한다. 이렇게 보면, 옴진리교 세대는 '포스트 단카이 세대'와 겹친다.

물론 이 같은 세대 구분이 일본의 현대를 구분하는 데 적절한지에 대해서는 여러 이론(異論)이 있을 수 있다. 그렇다면 특정 세대, 특히 청년기의 집합성을 성인기에 진입하는 시기에 나타나는 일과성의 '일탈' 현상으로 볼 것인가? 아니면 고유의 집합적 문화 공동체로서의 성격을 지닌 것으로 볼 것인가? 전자라면 특정 세대가 성인기로 진입하면서 흔적도 없이 사라져버리는 일과성의 일탈에 불과한 것이 되고, 후자라면 문화적 집합체로서 뚜렷한 자기 완결성을 지니면서 성인 진입 후에도 일정 정도의 영향을 미친다고 볼 수 있다.[5]

칼 만하임(Karl Mannheim)이 말하는 '세대 상태', '세대 연관', '세대 통일'이라는 개념(1928), 즉 같은 시기에 태어난 개인들이 역사적, 사회적으로 공통의 운명을 경험해 일종의 세대 연관을 구성하고 반응의 통일성을 담보해 세대 통일이 성립된다는 견해[6]와, 벵트손(Vern L. Bengtson)

---

5) 단카이 세대 등과 같은 일본의 세대론에 대해서는 권혁태, 「1960년대 단카이 세대의 '반란'과 미디어로서의 만화 —만화『내일의 조』를 중심으로」, 『사이』 9호, 국제한국문학문화학회, 2010 및 市川孝一, 「若者論の系譜-若者はどう語られたか」, 『人間科学研究』, No.25, 文教大学人間科学部, 2003을 참조.

의 세대론, 즉 서로 다른 시점에 태어난 개인들이 서로 다른 시대정신하에서 성장하는 데서 오는 차이를 '코호트(cohort)효과'라 규정한 이론에 따르면, 출생 시점의 차이가 라이프 사이클의 차이를 가져다주기 때문에 당연히 관심사나 경험상의 차이가 발생한다. 따라서 여기서 사용하는 '세대'라는 용어는 물론 특정 연령층의 집합만을 의미하지는 않는다.

발달심리학자 에릭슨(Erik H. Erikson)에 따르면, 청년이란 '나는 누구이고 나는 무엇을 해야 하는가'를 끊임없이 자신에게 물음으로써 자아동일성(Self Identity)을 형성해 나가는 시기여서 자아동일성을 획득할 때까지 모든 사회적 책임이나 의무가 유예되는 준비 기간, 유예기간(moratorium)이다. 그래서 청년기에 나타나는 집합적 문화기제는 생물학적 가령(加齡)에 따라 변할 수밖에 없다. 하지만 칼 만하임이나 벤트손이 말하는 세대란 생물학적 가령에 따라 변하는 청년기의 일시적인 현상이 아니다. 예를 들면, 20대라는 성인 진입기에 나타나는 사회적 성격은 일반적으로 가령에 따라 변하는 것이지만, 여기서 말하는 세대는 특정 시공간 속에서 태어난 집단이 다른 집

---

6) 久保善之, 「カール・マンハイムの社会学と教育理論 : その研究序説的断章」, 『一橋大学研究年報・社会学研究』, 37, 1999.3.

단과 뚜렷하게 구별되는 사회적 성격을 가진다는 뜻으로 사용된다. 이런 점에서 여기서 말하는 세대는 'generation' 보다는 'cohort'에 가깝다.[7]

그렇다면 옴진리교에 참여한 세대를 포스트 단카이 세대라 하고 이들 세대의 특정한 문화적, 정치적 기제가 옴진리교 입교와 활동의 기반이 되었다고 한다면, 이들 세대에 공통된 문화적 기반이 무엇이었는지를 살펴보아야 한다. 옴진리교 세대, 위에서 말한 포스트 단카이 세대는 1960년대에 태어났다는 생물학적 공통성에 더해, 고도성장에 따른 경제적 풍요로움 속에서 살았고, 동시에 정치적으로는 탈정치적 냉소주의와 개인주의 속에서 성장했으며, 문화적으로는 만화, 애니메이션 등과 같은 서브컬처의 세례를 집중적으로 받은 세대이다. 이런 의미에서, 강한 정치지향성을 가지고 고도성장에 따라 소비사회적 감수성을 키워가면서 한편으로는 자본주의에 적대하는 엄숙한 혁명주의와의 갈등에 노출되어 있었던 단카이 세대와는 대조적이다.

---

7) 池田心豪, 「ベングッソン(Bengtson, V.L.)の世代論概要」, 独立行政法人 労働政策研究・研修機構 누리집(http://www.valdes.titech.ac.jp/~shingo/study.htm).

2. 소비사회와 범람하는 소비론

소비사회란 경제지표상으로는 GDP에서 차지하는 민간소비지출 비중의 급증으로 표현된다. 그리고 "자본주의가 고도로 발달해서 생리적 욕구를 충족시키기 위한 소비만이 아니라, 문화적, 사회적 요구를 충족시키기 위한 소비가 광범위하게 이루어지는 사회"로 정의된다. 일본에서 1960년대에 그 원형이 만들어져 1970년대 후반에 개화한 소비사회의 출현은 한편으로는 기존 질서에 대한 새로운 도전과 위협으로, 다른 한편으로는 계급 대립을 약화시키는 체제의 안정화 조건으로 기능한다. 일반적으로 대중소비사회는 생활에 필요한 재화와 서비스가 상품으로서 시장에 넘쳐남으로써 부유층과 일반 대중의 상품 소비에 유의미한 차이가 보이지 않는 사회를 말한다. 이른바 소비의 '평등화' 경향이다. 즉 상품이 생존을 유지하기 위한 필요성을 넘어서 '지위'나 '개성'이라는 사회적 의미를 표현하는 기호로 소비되는 현상을 말한다.

일본의 상황을 설명하기 앞서 소비사회를 둘러싼 기존의 언설을 간단히 정리해 두자. 소비에 대한 본격적인 연구는 소스타인 베블런(Thorstein Bunde Veblen)의 『유한계급론』(1899)이다.[8] 베블런은 소비를 사용가치의 관점에서 바라보던 기존의 경제학적 사고에서 벗어나 소비를 계급적 위신(威信)의 전략으로 간주함으로써 소비를 하나의 사회적인 현상으로 바라보게 하는 데 매우 중요한 역할을 하였다. 베블런은 여가와 소비라는 두 가지 측면을 통해 재화가 현시(顯示)된다는, 즉 '보여주기 위한 경쟁'으로서의 현시적 소비를 지적하였다. 하지만 베블런의 시대는 산업화 초기 단계여서 계층 간, 계급 간 사회이동이 곤란한 시대였다. 따라서 이런 시대적 한계로 인해 베블런은 현시적 소비를 동일 계급(부유층) 내에서 사회적 위신을 유지하기 위한 기능으로 보았다. 이 같은 문제를 보완한 소비이론이 바로 데이비드 리스만(David Riesman)의『고독한 군중(The Lonely Crowd)』(1950)이다. 인구구성과 산업화에 따라 리스만은 전통지향형, 내부지향형, 타인지향형이라는 세 가지 사회의 인간 유형을 상정하고 있는데, 이 중 소비사회와 관련해서 중요한 것은 세 번째인 타인지향형(other directed type) 사회이다. 그는 타인지향형 사회의 특징을, 끊임없이 다른 사람의 시선과 반응을 의식하면서 다수파인 타인과 보조를 맞추어 살아가는 전략이 지배적인 사회로 상정한다. 그는 말한다.

---

8) 소스타인 베블런 저,『유한계급론』, 김성균 역, 우물이 있는 집, 2005.

"타인지향형 인간이 숱한 경쟁자들을 물리치고 오로지 혼자서만 빛을 발한다는 것은 바랄 수 없는 일일 뿐만 아니라 위험한 일이기도 하다."[9]

이 같은 타인지향형 사회를 지탱하는 요소 중에 가장 중요한 것은 산업구조의 급격한 변화와 발전에 의해 보장되는 풍요로운 생활이다. 리스만은 자본주의가 과점적 양산 체제에 들어서면서 생활의 풍요로움이 실현되자 기존의 상류계급을 모방하는 단계에 있었던 소비가 점차 표준화되어 간다고 말한다. 즉 다수파의 생활양식이나 생활수준을 드러내는 상품과 서비스의 집합을 뜻하는 '스탠더드 패키지'(standard package)가 형성된다는 것이다. 다른 사람보다 많이 앞서지도 뒤처지지도 않는, 즉 다른 사람과 보조를 맞추는 생활양식이다. 대량생산, 대량소비의 시대에 적합한 전형적인 중산층의 삶의 전략이다. 이른바 '소비의 민주화'라 할 수 있는 현상이다.

장 보드리야르(Jean Baudrillard)는, 소비는 상품 그 자체에 대한 욕망이 아니라 다른 사람과의 차별, 차이를 표현하는 행위라 하였다. 그에 따르면 소비는 기능적인 소

---

9) 데이비드 리스먼, 『고독한 군중』, 류근일 역, 동서문화사, 2011, 220쪽.

유나 사용이 아니며, 또 개인이나 집단의 단순한 권위의 기능도 아니다. 소비는 "커뮤니케이션의 교환시스템으로서 끊임없이 발신되고 수용되는 기호의 코드로, 즉 언어 활동"[10]이다. 그리고 "소비자는 자신이 자유롭게 바라고 선택한 것으로 생각하면서 다른 사람과 다른 행동을 취하지만, 이 행동이 차이화의 강제나 일종의 코드에 대한 복종"이니, 따라서 소비사회에서의 '자유'란 자율성을 잃은 강제력과 다름없다고 한다.[11] 이 책에서 문제 삼는 것은 리스만이 말하는 대량생산, 대량소비에 따른 소비의 표준화 단계를 넘어서, 대체로 1970년대 후반부터 일본에서 현재화된 이른바 차이의 전략에 바탕을 둔 소비 전략이 일본 사회에 어떤 언설과 사회적 변화를 가져다주었는지에 대한 것이다.

　장 보드리야르가 말하는 차이의 전략에 바탕을 둔 소비사회는 일본에서 언제 출현했을까? 필자는 과거에 1960년대의 단카이 세대와 그 반란을 두고, 문화적으로 상품을 통해 자기를 실현하는 "자기표현으로서의 소비"를 라이프스타일로 취하게 된 첫 세대로 여기며, 1960~70년대

---

10) 장 보드리야르, 『소비의 사회-그 신화와 구조』, 이상률 옮김, 문예출판사, 1991, 121쪽.
11) 장 보드리야르, 『소비의 사회-그 신화와 구조』, 68쪽.

의 서브컬처를 사례로 기타다 아키히로(北田曉大)의 말을 빌려 "사상 중심성의 탈구축"이라 한 바 있다.[12] 하지만 이 시기는 소비사회가 전면 개화했다기보다는, 청년 사회에서는 반체제적 금욕주의와 소비문화가 길항 관계에 놓여 있던 시기였다. 연합적군 '숙청' 사건은 그 갈등이 첨예화된 비극적인 사건으로, 이 사건을 통해 혁명적 금욕주의가 전면적으로 후퇴하고 소비문화가 서브컬처와 결합되면서 1970년대 후반을 맞이한다.[13] 즉 일본은 1970년대를 거쳐 1980년대에 장 보드리야르가 말한 풍요로운 소비와 차이화의 전략에 노출되는 시대로 접어들었다고 볼 수 있다. 이 같은 시대 변화가 이른바 소비론의 범람을 가져다주었음은 말할 것도 없다. 이하 일본에서 벌어진 소비론을 둘러싼 논의를 살펴보자.

먼저 1980년대 소비사회 예찬론의 대표적인 저작으로 사회학자 야마자키 마사가즈(山崎正和)의 『부드러운 개인주의의 탄생－소비사회의 미학』(1983)을 들 수 있다.[14] 이 책의 부제 '소비사회의 미학'에서 말하는 소비란

---

12) 北田曉大, 『嗤う日本の「ナショナリズム」』, 日本放送出版協会, 2005, 81쪽.
13) 이상의 내용에 대해서는 권혁태, 「1960년대 단카이 세대의 '반란'과 미디어로서의 만화 －만화 『내일의 조』를 중심으로」 참조.
14) 山崎正和, 『柔らかい個人主義の誕生』, 中央公論社, 1984.

물론 경제학적 개념은 아니다. 그는 소비를 "상품의 소모와 재생"이라는 전통적인 개념이 아니라 "시간의 충실한 소모"를 목적으로 하는 행동으로 정의한다.[15]. 그리고 소비자를 다음과 같은 세 단계로 분류한다. 하나는 고도성장기에 양적 만족을 지향했던 '대중', 두 번째는 필수품이 어느 정도 충족된 후에 질적 만족을 지향하는 '대중의 분열', 세 번째는 절대적으로 '가지고 싶은 것'이 없어져 개인주의가 진행되는 가운데 가치가 다양화된 '분중(分衆)'. 일본은 1960~70년대 "근면하게 일해 대량으로 상품을 생산하고 대량으로 소비하는 것이 미덕"[16]인 사회를 거쳐 1980년대에 세 번째 단계로 진입했다고 본다.

그렇다면 포스트 단카이 세대는 '대중의 분열'에서 '분중'으로 넘어가는 세대에 걸쳐 있다. 이 세대에게 소비 활동이란 자신의 개성을 표현하는 행위이다. 그에 따르면 전통적인 개인주의는 산업화와 함께 태어난 윤리이며 산업화 그 자체가 만들어내고 산업화를 추진한 원리인 반면, 탈산업사회는 전통적인 개인주의를 대신하는 '부드러운 개인주의'의 세계이다. 전통적인 개인주의는 자기주장의 윤리이지만, '부드러운 개인주의'는 자기표현의 윤리이

---

15) 山崎正和, 『柔らかい個人主義の誕生』, 167쪽.
16) 山崎正和, 『柔らかい個人主義の誕生』, 15~16쪽.

다. '자기주장'은 타인과 대립하지만 그 표현을 인정해 주는 타인이 없으면 성립되지 않는다. 그래서 상호 간에 표현하고 상호 간에 인정해 주는 장은 경직된 조직이 아니라, '사교'라 불리는 완만한 인간관계를 전제로 한다. 이런 인간관계에 바탕을 둔 것이 바로 '부드러운 개인주의'이다. 그가 말하고 싶은 것은 두 가지이다. 하나는 1980년대 일본이 '분중'의 시대에 진입해 있다는 것이고, 두 번째는 이 시대의 개인주의가 서구 근대의 '경직된 개인주의'가 아니라 '부드러운 개인주의'라는 것이다. 1990년대 이후 장기 불황이 계속되고 있는 지금의 입장에서 보면 다소 시대착오적인 책으로 보이지만, 이 책은 당시 많은 반향을 불러일으켜 요시노사쿠조(吉野作造)상을 수상했다. 자본주의, 혹은 일본 자본주의의 최종적 승리를 공개적으로 선언한 것으로도 읽히는 이 책은 이런 점에서 프랜시스 후쿠야마의 '역사의 종언'을 선취한 측면이 있다.

이런 야마자키 등의 움직임에 발맞추어 1980년대에는 기업 연구소 중심으로, 기존의 대중을 대신하고 소비자의 주체성(개성, 다양성, 감성, 차이)을 강조하는 '소중(少衆)'이나 '분중(分衆)'이라는 새로운 개념들이 등장해 퍼져나갔다. 여기서 말하는 '소중'이란 유명한 광고 카피라이터인 후지오카 와카오(藤岡和賀夫)가 제창한 개념이다.

그는, 소비자의 행동 규범은 이성이 아닌 감성에 있으며, 따라서 획일적인 대중 소비 시대가 지나고 일본은 각자의 감성을 공유하는 그룹인 '소중'이 개성적인 소비를 반복하는 다변화된 사회로 접어들었다고 말한다. 그는 감성 세대를 '베짱이 세대', 그 이전의 세대를 '개미 세대'라 하고, 그 과도기적인 세대를 '개미 베짱이 세대'라 일컫는다. 또한 대량생산, 대량소비 시대의 종언을 대중의 종언으로 읽는다.[17] 하쿠호도(博報堂)생활종합연구소가 제창했던 '분중'도 이 맥락과 다르지 않다. 획일적인 대중 소비와는 다른 개성적인 소비 행위에 주목해 '분할된 대중'이라는 의미로 '분중'을 소비사회의 주체로서 상정한다.[18] 부드러운 개인주의, 소중, 분중 모두 소비자의 개성, 차이 등을 통한 자기표현과 자기실현을 중시하는 입장이다.

무라카미 야스스케(村上泰亮)의 『신중간대중의 시대』(1984)도 비슷한 맥락이다. 그는 1980년대 일본에서 '중류계급'이 붕괴하고 이를 대신해 '신중간 대중'이 등장한다고 말한다. 그는, 자본주의가 자본가와 노동자계급의 2대 계급으로 수렴된다는 전통적인 마르크스주의를 비판하면

---

17) 藤岡和賀夫, 『さよなら、大衆-感性時代をどう読むか』, PHP研究所, 1984.
18) 博報堂生活総合研究所, 『「分衆」の誕生―ニューピープルをつかむ市場戦略とは』, 日本経済新聞社, 1985.

서, 20세기 자본주의는 관리직 및 전문직 등의 화이트칼라 중심의 중간 계층을 대량으로 발생시키고 있지만 1970년대 이후의 일본 상황은, 중간 계층을 자본가와 노동자를 매개하는 하나의 '계급'으로 설정하는 기존의 중류 계층론으로는 설명이 불가능할 정도로 '계층의 비구조화'가 광범위하게 진행되고 있다고 본다. 따라서 이런 사태를 사회적으로 '중' 의식을 가진 광범위한 중간층, 즉 '신중간대중'의 대두, 고전적인 사회계급이나 계층이 용해되고 있는 것으로 보아야 하며, 이런 "계층적으로 구조화되지 않는 방대한 대중"이 앞으로의 주역임을 선언한다.[19] 소비사회의 대두에 따른 기호소비의 본격화와 이에 따른 소비의 평등화라는 현상을 탈계급 사회의 도래로 이해하는 소비사회 예찬론은 좌우를 가리지 않았다. 예를 들면, 요시모토 다카아키 같은 좌파 지식인도 장 보드리야르를 비판하면서 다음과 같이 주장한다.

"소비사회(사실은 고차(高次) 산업사회로 바꿔 말하는 편이 더 적절하다)는 평등한 소비 가능성에 만인을 접근시켜 격차를 없애 갔다. 이전에는 특권계층만이 살 수 있었던

19) 村上泰亮, 『新中間大衆の時代—戦後日本の解剖学』, 中央公論社, 1984, 187쪽.

TV, 자동차, 스테레오 등을 지금은 만인(일반 대중)이 누구라도 살 수 있게 되었다. 이는 너무나 분명한 사실이다. 그런데 장 보드리야르는, 이 평등을 향한 격차의 축소는 겉모습일 뿐 사회적 모순이나 불평등이 내재되어 있다고 한다. 이에 대해 나는 말도 안 되는 바보 같은 말이라 생각한다. (중략) 선택인 상품의 소비지출에 재력을 돌릴 수 있게 된 소비사회의 출현은 분명히 장 보드리야르가 말하는 '평등'한 소비의 '행복'을 향해, 그 격차를 줄여나간 것을 의미한다."[20]

그는 일본이 자본주의의 고도화를 통해 대량생산·대량소비·대량폐기 단계에 접어들었으며 이를 통해 대중이 해방되었다고 말한다. 그리고 소비사회를 '자본주의의 최고 단계'이며 따라서 자본주의를 넘어서는 '초자본주의' 혹은 '탈자본주의'의 가능성을 열 수 있다고 보았다. 이런 자본주의 예찬론은 서구적 근대를 지탱해 온 과학기술 문명에 대한 그의 종교와 같은 믿음과 분리할 수 없다.[21] 그렇다면 왜 1980년대에 이 같은 소비사회 예찬론, 즉 일종의 소비자 주권론(consumer sovereignty)이 하나의 사회현

---

20) 大塚英志, 『戰後民主主義のリハビリテーション』, 角川文庫, 2004, 294쪽에서 재인용.
21) 요시모토 다카아키의 과학 문명과 소비사회 예찬론에 대해서는 권혁태, 「원전 지지하는 '진보'」, 『한겨레21』, No.905, 2012.4.9.

상으로 유행처럼 번져나갔는지를 생각할 필요가 있다.

3. 소비사회 예찬론과 '횡령'

물론 일본 경제의 질적 변화와 양적 확대가 가장 큰
요인이다. 일본은 다른 선진자본주의 국가와는 달리 두
번의 석유 위기를 이겨내고 '안정 성장'이라는 이름하에
세계적인 경제 대국으로 발돋움해 1980년대 중반 최고의
호황기에 접어들었다. 이에 발맞추어 기업의 생산 체제를
결정하는 것이 소비자라는 후생경제학 용어가 소비자 주
권이라는 이름으로 퍼져나갔다. 이 대목에서, 1980년 히토
쓰바시(一橋)대학 재학 중에 데뷔해 베스트셀러 작가로
이름을 날린 작가 다나카 야스오(田中康夫)의『난토나쿠
(그냥), 크리스털』의 한 대목을 떠올리게 된다.

"테니스 연습이 있는 날엔 마찌아(Magia), 휠라(FILA) 테니
스복을 입고 학교에 간다. 보통 때는 기분에 따라서 보트
하우스(Boat House)나 브룩스 브라더스(Brooks Brothers)
옷을 입기도 한다. 치마는 이에 맞추어 하라주쿠(原宿)의
바클레이(Barclay)에서 사는 게 좋다. 하지만 가장 좋은 것

은 역시 입생로랑(Yves Saint Laurent)이나 알파 큐빅(Alpha Cubic)이다. (중략) 롯폰기(六本木)에 놀러 갈 때는 쿠레주(Courrèges) 치마나 판타롱, 라네로시(Lanerossi) 스포츠 셔츠로 맞추어 입는다. 디스코 파티가 있으면 입생로랑이나 디올 원피스다."[22]

이 소설이 발표된 때는 일본 자본주의가 절정에 달했던 1980년도이다. 다나카 야스오가 히토쓰바시(一橋)대학 재학 중이던 24세 때였다. 이른바 소비사회의 '세례'를 받아 재수 시절부터 명품에 관심을 가지고 있었던 다나카는 자신의 경험을 바탕으로, 도쿄에 사는 여대생 겸 패션모델 주인공을 내세워 1980년 시점에서 일본 소비사회의 단면을 새로운 문체로 그려냈다. 이 작품은 100만 부 이상이나 팔렸고 이 작품의 제명을 따 '크리스털족(族)'이라는 말이 유행했을 정도로 인기를 얻었다. 이 소설에서 말하는 것은 매우 명확하다.

앞서 인용한 대로 단카이 세대 디자인 평론가 가시와기 히로시(柏木博)나 정치학자 히로오카 모리호(広岡守

---

22) 田中康夫, 『なんとなく、クリスタル』, 新潮社, 1981, 44쪽(難波 功士, 「戦後ユース・サブカルチャーズをめぐって(3) : 暴走族 とクリスタル族」, 『社会学部紀要』, No.98, 関西学院大学, 2005.3, 55쪽에서 재인용).

穗)는 무국적, 탈정치적, 탈맥락적인 1980년대의 소비 풍경에 대해 분노를 표했다. 그러나 포스트 단카이 세대인 다나카는 브랜드 소비를 통해 자신을 표현하는 80년대 젊은이들의 소비생활에 '주권'을 부여한다. 후에 그는 이렇게 말한다. "'그냥 기분이 좋은 것'을 사거나 입거나 먹거나 하면서 하루하루를 보내는", "고민이나 분노가 없는", "머리가 텅 비어 있는" 것이 "지금 젊은이들의 생활"이라고. "과거, 예를 들면 학원분쟁이나 안보투쟁 무렵에는 모두 같은 말을 늘어놓았"지만 지금의 젊은이들은 관심 있는 것을 골라서 '소비'한다. 그래서 젊은이들의 삶의 선택은 항상 "머리가 텅 비어 있는", 즉 '난토나쿠(그냥)'이지만 개성적이다. 그리고 개성적이라는 의미를 담기 위해, 그는 밖에서 직선으로 들어오는 빛을 굴절시키는 '수정(크리스털)'에 이 젊은이들의 생활을 비유한다. 그는 말한다.

> "태양족이 유행했을 무렵에는 아무나 요트를 가질 수 없었지요. 무라카미 류(村上竜)의 소설 주인공처럼 홋사(福生)에서 마약을 하는 사람도 적었어요. 하지만 지금은 브랜드 상품을 한 개라도 가지면 누구라도 이런 기분을 맛볼 수 있거든요. 누구에게나 일어날 수 있는 일이지요."

여기서 말하는 '태양족'이란 이시하라 신타로(石原慎太郎)가 1955년에 발표한 소설『태양의 계절』23)로 유행하게 된 이른바 1950년대 젊은이들의 문화 현상을 말한다. 여름 바닷가에서 선글라스에 알로하 티셔츠를 입고 요트를 타면서 무질서한 행동을 즐기는 유복한 젊은 층의 유행이다. 또 무라카미 류와 훗사도 언급하고 있는데, 훗사는 무라카미의 소설『한없이 투명에 가까운 블루』(1976년)24)에 등장하는, 도쿄 근교에 자리한 미군 기지촌 훗사(福生)를 말한다. 이 소설은 아파트에서 여러 남녀가 모여 마약과 섹스와 폭력으로 일상을 보내는 모습을 그리고 있다. 내일에 대한 기대도 없고 찾을 것도 없는 환각적 일상을 그려냄으로써 근대에 대한 절망을 이야기한다.

다나카가 말하고 싶은 것은 이런 것이다.『태양의 계절』시대의 소비는 요트로 상징된다. 하지만 요트는 당시 누구나 소비할 수 있는 상품이 아니었다. 베블런의 말을 빌리자면, 부유층의 과시 전략이며 '현시적 소비'의 상징이다. 하지만 80년대의 일본은 '소비의 평등화'가 이루어져 누구나 마음만 먹으면 명품 브랜드를 소비할 수 있게

---

23) 한글 번역본은 이시하라 신타로,『태양의 계절』, 고평국 역, 범우사, 2003.
24) 한글 번역본은 무라카미 류,『한없이 투명에 가까운 블루』, 한성례 역, 동방미디어, 2002.

되었다. 더구나 서로 다른 브랜드를 소비함으로써 자신을 표현하는 이른바 차이의 전략이 가능한 시대가 되었다. 이런 소비 행위는 무라카미 류의『한없이 투명에 가까운 블루』에서처럼 환각적이고 절망적인 일상도 아니다. '난토나쿠(그냥)' 소비하는 것이다. 이렇게 보면, 다나카 야스오의『난토나쿠, 크리스털』은 80년대의 소비 풍경을 '기호의 소비'로 그려내고 있는 셈이다.

　　이 같은 소비사회 예찬론에 대해 비판이 없었던 것은 물론 아니다. 마쓰이 쓰요시(松井剛)는 소비사회 예찬론에 대한 비판을 다음과 같은 네 가지 유형으로 정리한다. 첫째, 시장경제가 문화에 침투해 문화의 파괴를 초래한다는 점, 둘째, 대기업이 마케팅을 이용해 소비자 욕구를 조작한다는 점, 셋째, 기업조직을 포함한 사회구조 자체가 소비자의 주체적인 능력을 제한하고 있다는 점, 넷째, 이러한 소비는 소비자가 '미에'(체면)를 차리기 위해 하는 경합적 소비에 불과하다는 점. 그리고 이 네 가지 중 첫 번째에서 세 번째까지는 소비자 주권을 주장한 포스트모더니즘에 대한 비판으로 유효하다고 지적한다.[25] 즉 1980년대의 소비사회 예찬론이 포스트모더니즘과 결합되어 소비자

----

25) 松井剛,「消費社会批判の4類型」,『一橋大学研究年報・商学研究』, No.45, 2004.

주권론에 현혹됨으로써 자본에 의한 소비자 욕구 조작이
나 주체적인 능력 제한을 지나치게 경시했다는 것이다.

그렇다면 이런 현상을 어떻게 설명해야 할 것인가?
마쓰이는 소비사회의 진전에 따라 소비자 욕구가 육체적
욕구에서 정신적 욕구로 고도화, 다양화되고 생산자가 소
비자 욕구를 일방적으로 조작하는 것이 불가능해짐으로
인해 1970년대 중후반부터 소비자를 단순한 상품 '구입자'
가 아니라 '생활을 창조하는 주체'로 인식하려는 움직임이
나타났고, 이런 움직임이 소비자 주권의 가시화로 이어졌
다고 본다. 즉 소비자들을 소비를 통해 자기표현이나 자
기실현을 행하는 주체적 존재로 보는 것이다.[26] 이렇게
보면 이 같은 소비사회 예찬론에서 '기호소비'를 주창한
장 보드리야르의 영향을 무시할 수 없다. 하지만 주의를
기울여야 하는 것은, 장 보드리야르가 상정하는 기호소비
론은 소비 대상이나 소비 스타일을 소비자 개인이 주체적
으로 결정한다 해도, 개인의 소비 행동은 차별화의 구조
적 윤리에 종속되어 소비사회에서 공유되고 있는 코드화
된 차이를 반영하는 것에서 벗어날 수 없으며, 따라서 소
비에서 개인의 주체성은 실현할 수 없다고 보고 있다는

---

26) 松井剛, 「消費論ブーム──マーケティングにおける『ポストモダ
ン』」, 『現代思想』, NO.29-14, 2001.11.

점이다. 장 보드리야르의 말을 들어보자.

> "소비에 대한 모든 논의는 소비자를 보편적인 인간으로,
> 즉 인류의 일반적, 이상적, 최종적인 화신(化身)으로 만들
> 려고 하며, 또 소비를 정치적, 사회적 해방의 실패 대신에
> 또는 그 실패에도 불구하고 성취해야 할 '인간 해방'의 전제
> 로 삼으려 한다. (중략) (노동력의) 박탈에 의한 착취는 사
> 회적 노동이라는 집단적 영역에 관계되기 때문에 (어느 정
> 도의 단계부터는) 사람들을 연대하게 한다. 착취는 (상대
> 적인 의미의) 계급의식을 일으킨다. (중략) 소비는 개인주
> 의적 성향을 지니며 몰(沒)연대적이고 몰역사적인 경향을
> 지닌다. (중략) 소비자인 한에서, 사람은 다시 고립되고 뿔
> 뿔이 흩어져 기껏해야 서로 무관심한 군중이 될 뿐이다."[27]

장 보드리야르가 "소비의 은혜는 노동의 산물로서가
아니라 사취(詐取)된 힘으로 나타난다. 좀 더 일반적으로
말하면, 재화의 풍부함은, 일단 그것이 그 객관적인 정의
와 단절되면 자연의 은총으로서, 만나(manna)와 하늘이
베푸는 은혜로 느껴지게 된다."[28]라고 말한 것에 비춰보
면, 소비사회 예찬론에는 일본의 경제적 성공이 노동의

---

27) 장 보드리야르, 『소비의 사회-그 신화와 구조』, 123쪽.
28) 장 보드리야르, 『소비의 사회-그 신화와 구조』, 123쪽.

산물이 아니라 마치 일본이라는 '영원불멸'의 국가에 베풀어진 필연적인 '은혜'로 받아들여진 측면도 있었다고 볼 수 있다. 이렇게 보면 일본의 소비사회 예찬론은 대체로 포스트모던 이론을 바탕으로 하고 있으면서도, 한편으로는 장 보드리야르가 말한 "사회의 탈물질화" 경향이나 기호소비론이 부조(浮彫)적으로 이용되었다는 비판에서 벗어나기 어렵다. 다시 말해, 일본의 소비사회 예찬론은 장 보드리야르의 영향을 받았으면서도 어떤 의미에서는 장 보드리야르의 아전인수격 해석이거나 일종의 '횡령'이라는 시각에서 자유롭지 못하다.

그 후 일본 사회의 현실은 소비사회 예찬론을 배신해 간다. 물론 1990년대 이후의 장기 불황이 소비사회 예찬론의 기반이 되었던 '불침항모' 일본 경제를 무너뜨려 갔다는 점도 중요하지만, 소비사회 예찬론이 그려내는 장밋빛 미래와는 다른 움직임이 이미 소비사회 내부에서 싹트고 있었다는 점이 더욱 중요하다.

서울대학교 일본연구소
Reading Japan 9

제5장
'커다란 한 방'과 '큰 이야기'의 해체

- 1970년대 이후 정치의 계절이 종언을 고하고 '우산이 없다'의 시대로 접어든다. 그리고 고도성장의 고도화에 의해 진행된 급격한 소비사회와 서브컬처의 대두가 현실과 관계없이 성립되는 '허구'를 낳았다. 기호화, 정보화된 '허구'는 현실화되지 않는, 혹은 현실화될 수 없는 '이상'이나 '꿈'이다. 즉 반(反)현실이고 비(非)현실이다. '허구의 시대'를 사는 법은, 미타의 말을 빌리면, "리얼리티의 '탈취(脫臭)'를 향해서 부유하는 '허구'의 언설이며 표현이고 생의 기법"이었다.

'커다란 한 방'과
'큰 이야기'의 해체

1. 오자키 유타카의 '우울한' 80년대

요시모토, 무라카미, 야마자키, 혹은 기업 연구소들
이 부드러운 개인주의, 신중간대중론, 분중론, 소중론을
제창하고 다나카 야스오가 '크리스털족'을 그려내며 탈산
업화 시대의 번영을 '노래'하고 있는 가운데, 이들이 그려
내는 '장밋빛 미래'와는 다른 모습의 젊은이들이 그 내부
에서 자라나고 있었다. 그래서 옴진리교 사건으로 표상되
는 포스트 단카이 세대인 1960년대 태생 젊은이들이 1980,
90년대를 어떻게 받아들이고 어떤 삶을 살았는지를 이해
하여야 한다. 이를 위해 이 장에서는 1980년대를 떠들썩
하게 했던 두 사람과 그들의 언설을 통해 이른바 포스트

단카이 세대와 '전후' 사이의 '갈등'을 살펴보고자 한다. 한 사람은 1980년대를 풍미하다가 1992년에 '약물중독'으로 죽은 가수 오자키 유타카(尾崎豊)이고 또 한 사람은 엽기적인 살인마로 알려진 미야자키 쓰토무(宮崎勤)이다. 먼저 오자키 유타카를 이해하기 위해, 대중가요가 시대를 반영하고 또 반대로 대중가요가 시대에 반영된다는 관점에서 1960년대부터 1980년대까지 청년들 사이에서 유행했던 몇 곡의 대중가요를 인용해보자.

① (위를 보고 걷자, 1961년): 위를 보고 걷자/눈물이 흘러내리지 않도록/추억의 봄날/홀로 남은 밤/위를 보고 걷자/얼룩진 별을 세며/추억의 여름날/홀로 남은 밤/행복은 구름 위에/행복은 하늘 위에/위를 보고 걷자/눈물이 흘러내리지 않도록/울면서 걷는다/홀로 남은 밤/추억의 가을날/홀로 남은 밤/슬픔은 별 그림자에/슬픔은 달그림자에/위를 보고 걷자/홀로 남은 밤/눈물이 흘러내리지 않도록/울면서 걷는다/홀로 남은 밤/홀로 남은 밤(사카모토 규)

② (고교 3년생, 1963년) : 빨간 석양이 교정을 물들이고/느릅나무 그늘에 울려 퍼지는 소리/아, 고교 3년생! 우리들은/헤어지고 헤어져도/같은 반 친구들은 언제까지나/운 날도 있다, 미워한 적도/생각날 것이다, 그립게/아, 고교 3년생!/

포크댄스 손을 잡으면/달콤하게 향기 난다, 검은 머리가/얼마 남지 않은 날들을 가슴에 품고/꿈은 높게, 머나먼 하늘/아, 고교 3년생! 우리들은/가는 길은 서로 달라도/길을 넘어 부르자, 이 노래를(후나키 가즈오)

③ (벗이여, 1968년) : 벗이여, 새벽을 앞둔 어둠 속에서/벗이여, 투쟁의 불꽃을 올려라/벗이여, 당신의 눈물, 당신의 땀을/벗이여, 되돌려 받을 날이 온다/벗이여, 솟아오르는 아침 해 속에서/벗이여, 기쁨을 나누자/새벽은 가깝다, 새벽은 가깝다/벗이여, 이 어둠의 저편에는, 벗이여, 빛나는 내일이 있다(오카바야시 노부야스)

④ (우산이 없다, 1972) : 도시에서 자살하는 젊은이가 늘고 있다/아침 신문 구석에 쓰여 있다/근데 문제는 오늘은 비, 우산이 없다. (중략) TV에선 우리나라 장래를 누군가가 심각한 얼굴로 떠들어댄다/하지만 문제는 오늘은 비, 우산이 없다/가야 하는데, 당신을 만나러 가야 하는데/근데 우산이 없다(이노우에 요스이)

⑤ (15세의 밤, 1983) : 낙서투성이 교과서와 바깥만 보는 나/초고층 빌딩 위 하늘, 이룰 수 없는 꿈을 보고 있다/풀 곳도 없는 마음의 문을 부수고 싶다/교정 뒤편 담배를 피우다 들키면 도망갈 곳 없다/쭈그려 모여 앉아 등을 돌리

면서/마음 한 조각도 서로 나눌 수 없는 어른들을 노려본
다/그리고 친구들은 이날 밤, 가출 계획을 세운다/어찌 됐
든 이제는 학교도, 집에도 돌아가고 싶지 않다/자신의 존재
가 뭔지조차 모르고 떨고 있다/15세의 밤/훔친 바이크로
달린다. 정처 없이 암흑의 밤 장막 속으로/누구에게도 간섭
받지 않으려 도망친 이 밤에 자유로워진 느낌이 든다. 15세
의 밤/차가운 바람, 싸늘한 몸, 사람이 그리워/꿈꾸는 그 소
녀 집을 "안녕."이라 중얼거리며 지나친다/암흑 속, 반짝 빛
나는 자동판매기/100엔 동전으로 살 수 있는 따뜻함, 뜨거
운 커피 움켜쥐고/사랑의 결말은 모르지만/그 소녀와 나는
장래까지 쭉 꿈꾸어 본다/어른들은 '마음을 버려라, 버려라'
고 하지만 나는 싫다고/지루한 수업이 우리들의 모든 것이
라면/얼마나 하찮고 얼마나 의미 없고 얼마나 무력한/15세
의 밤(오자키 유타카)

①은 사카모토 규(坂本九)의 '위를 보고 걷자'이다. 이
노래는 '스키야키(Skiyaki)'라는 정체불명의 이름으로 1963
년 6월 미국의 빌보드(Billboard) 차트에서 1위를 기록했을
만큼, 세계적으로 인기를 얻은 노래이다. ②는 1963년에
발표되어 큰 인기를 누렸던 후나키 가즈오(舟木一夫)의
'고교 3년생'이다. 그는 언제나 검은색 교복 차림으로 학교
와 관련된 노래를 즐겨 불렀다. 그의 히트작인 이 노래는

200만 장이 팔려 레코드대상 신인상과 작사상을 수상했다. 이 두 노래가 1960년대 초에 유행하게 된 데는 까닭이 있다. 때는 바야흐로 전쟁의 폐허에서 벗어나 고도성장으로 치닫던 1960년대의 길목에 해당된다. 무엇보다도 TV 보급률이 80% 이상에 달해 미디어 시대가 도래한 것이 중요한 요인이었을 것이다. 그리고 사람들이 농촌을 떠나 일자리를 찾기 위해 도시로, 공장으로 몰려들던 때였다. 이 두 노래는 바로 지방에서 도시로 상경하는 청춘들의 애환을 그린 노래이다. ①은 농촌을 떠나 도시 생활을 시작하는 청춘의 아픔과 외로움을 노래하면서 동시에 "위를 보고 걷자"라는 제목과 가사에 드러나 있는 것처럼, 긍정적이고 낙관적인 생각, 미래에 대한 희망과 의지를 담고 있다. ② '고교 3년생' 역시 공장 취직을 위해 고향을 떠나 도시로 향하는 고등학교 졸업생의 이별의 아픔을 그리면서도 "꿈은 높게", "우리들은/가는 길은 서로 달라도/길을 넘어"라고 희망을 노래한다. 즉 두 노래는 '희망'의 노래이다. 실제로 일본 경제는 약진을 거듭했고 당시 이케다 정부는 '소득배증계획'을 발표했다. 1964년에는 도쿄 올림픽이 열렸고 신칸센이 개통되었다.

이와 대조적인 노래가 바로 ③이다. 인터내셔널과 함께 전공투 학생들이 즐겨 불렀던 이 노래의 가수 오카바야시 노부야스(岡林信康)는 1946년생으로, 전형적인 단카이 세대이며 도시샤(同志社)대학 재학 중에 사회주의 운동을 경험한, 일본을 대표하는 포크송 가수이다. 일용 노동자의 애환을 그린 '산야(山谷) 블루스' 등과 같이 사회문제를 다룬 가수로도 유명하다. '벗이여' 또한 희망을 이야기한다. 하지만 '고교 3년생'이나 '위를 보고 걷자'가 자신을 일본 자본주의의 성장에 투영해 미래에 대한 낙관적의지를 노래하는 데 반해, '벗이여'는 1968년을 '어둠'으로 보고 새벽이 멀지 않음을 노래한다. 즉 혁명과 변혁을 위한 희망과 연대를 말하고 있는 것이다. 따라서 1960년대에 유행했던 이 세 노래는, 한쪽은 자본주의, 한쪽은 이를 적대하는 변혁을 이야기한다는 차이는 있지만, 모두 희망을 노래하고 있다는 공통점이 있다.

그런데 ④ '우산이 없다'는 좀 다르다. TV에서는 미래에 대한 이야기가 범람하지만, 젊은이들의 자살이 이어지고 있다. 그런데 이를 감쌀 '우산'이 없다. 사회주의나 자본주의 같은 '우산'이 더 이상 미래에 대한 '희망'으로 거론될 수 없음을 말하고 있는 것이다. 물론 이노우에 자신은 이 노래가 '전공투 운동의 정치적 좌절, 즉 정치의 종언과 이른바 '시라케(냉소) 세대의 출현을 예감한 것'이라는 세간의 해석에 대해 부정하고 있지만, 단카이 세대인 평론가 다케다 세이지(竹田青嗣)와 작가 에비사와 야스히사(海老沢泰久)는 전공투 운동이 종결된 정치적 좌절의 시대에 이데올로기에서 벗어나 사생활지상주의로 치닫고 있던 1970년대 초엽 청년들의 심정이 이 노래에 투영되어 있다고 말한다.[1]

따라서 이 노래가 인기를 끈 배경에는, 가수 이노우에 요스이의 의도와 관계없이, 오카바야시의 '벗이여'에서 노래하는 연대와 혁명에 대한 희망이 좌절된 1970년대 초엽 단카이 세대의 '허무'가 짙게 깔려 있다고 볼 수 있다. 중요한 것은 이런 좌절이 무엇으로 이어지는가 하는 문제이다. 이 점과 관련해서는 무엇보다 '크리스털족' 다나카 야스오의 지적이 중요하다. 그는 '우산이 없다'를 이렇게 해석한다.

"이노우에 요스이가 '우산이 없다'에서 '지금의 나에게 가장 중요한 것은 정치 문제나 사회문제가 아니라 데이트에 가야 하는데 빗속에 우산이 없다'고 노래한 것처럼, [소설 중에는] 풍요로운 일본에서 자라난 세대가 '기분 좋게 사는 것'을 생활의 중심으로 삼는 현상을 그린 소설이 없다."[2]

---

1) 竹田青嗣, 『陽水の快楽』, 筑摩書房, 1999; 海老沢泰久, 『満月、空に満月』, 文藝春秋, 1995.
2) 吉岡威史, 「日本型ポスト青年期の流行歌──「現実」隠蔽シス

다시 말하면 '우산이 없다'는, 다나카의 해석대로라면, 정치에서 소비로 이행하는 1970년대 일본 사회의 한 모습을 보여준다고 할 수 있다. 즉 포스트 단카이 세대의 향락, 도시, 소비 지향의 모습을 드러내고 있는 것이다. 그리고 이를 문학으로 형상화한 것이 다나카 야스오의『난토나쿠(그냥), 크리스털』이다. 하지만 다나카 야스오가 정치적 좌절 이후 풍요로운 소비사회 일본에서 나타난 탈정치적이고 소비 지향적인 세대에 대해 낙관적인 전망을 '크리스털족'으로 표현한 것과 달리, 현실에서는 이와 다른 모습의 청년들이 자라나고 있었다. 그 대표적인 사람이 바로 가수 오자키 유타카이다.

노래 ⑤는 가수 오자키 유타카가 1983년에 데뷔작으로 발표한 '15세의 밤'이라는 노래이다. '10대의 대변자', '교조'라는 칭호를 얻었던 가수 오자키 유타카는 1992년 26세의 나이에 '약물중독'으로 급사했는데, 그의 죽음은 장례식에 4만 명이 운집할 정도로 일본 사회에 적지 않은 충격을 주었다. 오자키는 1965년 도쿄 출생으로, 자위관(방위청 근무)인 아버지와 보험 외판원인 어머니 사이에서 태어났다. 순조롭게 성장하던 그는 초등학교 시절에

テムとしての励まし歌」,『同志社社会学研究』, No.9, 2005, 80쪽.

등교 거부, 중학생 때는 학교 측의 두발 규제에 반발해 가출을 시도한다. 그리고 이어 흡연 등으로 정학 처분을 받았고 술, 담배, 디스코장 출입 등을 거듭하다가 결국 고등학교 때 무기정학 처분을 받자 학교를 그만둔다.[3] 보통은 '불량 학생'으로 살았던 청소년기에서 범상치 않은 반항적 가수로서의 삶의 편린을 느끼지만, 그를 불량 학생으로 내몬 결정적인 이유를 찾기는 어렵다. 사실 등교 거부나 청소년 비행 등이 사회문제로 등장한 것은 이미 1950년대부터이다. 다만 본격적으로 사회문제로 대두된 것이 대체로 1970년대 중반 이후부터이니, 오자키의 '일탈'은 이런 사회 흐름과 궤를 같이한다고 볼 수 있다.

일본 경제가 최전성기에 접어들던 1980년대 초반에 다나카 야스오는 '크리스털' 같은 낙관적이고 소비적인 '밝은' 삶을 그렸다. 1965년생인 오자키는 '밝은' 삶 대신에 왜 이런 식으로 '어두움'을 표현하고 있을까? '부드러운 개인주의'나 '소중', '분중'이 언설로서 힘을 얻고 있던 1980년대에 젊은이들은 왜 이 암울한 가사와 멜로디에 열광했을까? 평화, 민주주의, 경제성장으로 기록되던 1980년

---

3) 桜井佳樹, 「現代消費社会における「青少年育成」のパラドックス-〈教育者〉としての尾崎豊」, 『一般教育研究』, No.45, 香川大学, 1994, 118~120쪽.

대에 이 음울한 가사와 멜로디를 접한 기성세대는 그의 표현 방식을 '미성년자의 치기'로 여겼을지도 모른다. 하지만 기성세대가 인지하지 못하거나 혹은 인지했더라도 인정하지는 못하고 있는 사이, '전후의 괴물'들은 '전후' 속에서 차근차근 성장하고 있었다. 물론 오자키의 음울함을 특정 세대, 특정 시대의 일반적인 현상으로 연결시키는 것은 매우 단선적이기는 하다. 하지만 오자키 등이 살아내고 있던 시대가 1980년대 중후반 버블 경기의 화려함이나 안온함과는 확실히 달랐다는 점, 이 점만큼은 분명하다.

　　1980년대의 청년들을 조용히 열광시켰던 '15세의 밤'은 1960년대 초엽의 '위를 보고 걷자'나 '고교 3년생'과 같은 상승 지향의 청춘 이야기도 아니고, '벗이여'에서 나타나는 혁명적 열기에 사로잡힌 연대의 의지를 그린 것도 아니다. 또 이노우에 요스이의 '우산이 없다'에서 보이는 정치적 좌절 이후의 '허무'를 담은 것도 아니다. 이 노래가 그리고 있는 것은 고층빌딩, 담배, 가출, 절도, 바이크로 점철되어 있는 학교 사회의 뒷면이다. 그가 1985년에 발표해 큰 인기를 얻었던 '졸업'에서는 "'예의 바르게', '성실하게' 따위는 개나 줘라." 하고 외치며, "반항하고 발버둥치면서 하루빨리 자유로워지고 싶었다."라고 노래한다. 그에게 졸업이란 자신을 구속했던 학교의 "유리창을 모두 깨버리는" 의식을 거행하는 날이자 "지배로부터의 자유"
를 칭하는 다른 이름이다.

오자키 유타카의 어떤 노래에도 빈곤의 모습은 드러
나지 않는다. 또 '고교 3년생'이나 '위를 보고 걷자'에서
나타나는 학교교육에 대한 순응과 긍정적 상승 지향의 모
습도 없다. 또 오카바야시의 '벗이여'에 나타나는 혁명적
미래와 연대에 대한 의지도 없다. 다시 말해, 자본주의나
사회주의 같은 거대 서사에 대한 믿음은 한 조각도 찾아
보기 힘들다. 그 자신의 삶이 그러했던 것처럼, 바이크, 담
배, 술, 마약 같은 이른바 소비사회적 '타락'의 증거물투성
이이다. 그래서 그에게 있는 것은 소비사회적 감수성과
획일적 학교교육 사이의 갈등이다. 오자키 유타카보다 두
살 아래인 사회학자 하시모토 쓰토무(橋本努)는 1970, 80년
대의 자유의 상징으로 오자키 유타카를 다음과 같이 말한다.

"오자키 유타카가 15세였던 1980년에는 앞서 말한 바와
같이 중학교에서 학원 폭력이 급증해 그 피크를 맞이하고
있었다. 1979년에는 '편차치(偏差値) 교육'의 상징인 '공통
1차 시험'이 도입되어 중학교 생활이 극도로 엄격하게 관
리되고 있었다. 중학생들의 '학생 수첩'에는 두발, 복장에
서 선생, 학생에 대한 태도에 이르기까지 상세한 규율이 기

재되어 있었다."[4]

오자키의 출현과 죽음을 소비사회의 진전과 관련해서 생각하기 위해 오쓰카 에이지(大塚英志)의 시대구분을 인용해보자. 오쓰카는 일본의 전후 소비 패러다임을, 절대적인 물자 부족과 궁핍에 내몰렸던 전쟁 종료 직후의 제1기, 대량생산과 대량소비를 기반으로 상품의 기능적 진화와 편리함을 추구하던 고도성장기(제2기), 그리고 상품에 기호 가치를 부여하고 그 차별화를 통해 자신을 표현하고 실현했던 70년대 중반 이후의 제3기로 나눈다.[5] 제3기는 장 보드리야르가 말하는 소비사회, 그리고 위에서 소개한 '소중', '분중', '신중간 대중'의 출현기에 해당된다. 그렇다면 오자키는 제3기, 즉 소비 시대의 감수성을 대표한다.

소비의 차별화를 통한 자기표현, 자기실현의 욕구는 한편으로는 끊임없이 타인과 구별되는 소비를, 다른 한편으로는 타인의 소비를 향한 집중이라는 두 가지 모순된 현상을 낳게 되지만, 소비사회의 대두를 세대론 관점에서

---

4) 橋本努, 『自由に生きるとはどういうことか』, ちくま新書, 2007, 138~139쪽.
5) 大塚英志, 『癒しとしての消費』, 勁草書房, 1991, 301~302쪽.

볼 때 놓쳐서는 안 되는 논점 중 하나는 비생산연령층인 10, 20대가 소비의 '주체'로 등장했다는 점이다. 따라서 기업 측은 기존의 계급적 마케팅에 더해 연령 마케팅을 강화해 나간다. 특히 대학 진학률의 급상승으로 10대 후반부터 20대 초반까지의 젊은 층에서 비생산연령 인구가 늘어남에 따라 비생산 미성년자의 소비가 전체 소비에서 차지하는 비중이 급속도로 높아지게 된다. 따라서 이들이 소비의 주체로 등장하게 되었다는 사실은 이들 또한 소비문화의 세례로부터 자유롭지 못하다는 것을 의미한다.

하지만 학교교육은 여전히 관리 교육하에 있었고 평균적인 국민 양성이라는 근대적 교육 질서에 매몰되어 있었다. 소비자 주권이라는 소비자의 논리에 '다품종소량생산'으로 대응하고 있던 소비사회와, '평균적인 국민의 대량생산'을 위한 교육기관 사이의 간극에 오자키를 비롯한 이른바 포스트 단카이 세대가 놓여 있었던 것이다. 따라서 오자키는 소비사회적 감수성을 가지고, 이와 모순되는, 학교로 대표되는 질서를 적대한 셈이다. 다시 말해서, 오자키는 소비사회와 근대적 관리 사이의 간극을 상징하는 것이다.

2. '오타쿠의 탄생'과 '커다란 한 방'

소비사회, 서브컬처, 세대와 관련해서 빼놓을 수 없는 또 하나의 사건이 1989년에 일어난 미야자키 쓰토무(宮崎勤) 사건이다. 히로히토의 죽음으로 쇼와 시대가 막을 내리고 헤이세이 시대가 막을 올리는 시대의 마디에서 이 사건이 일어났다는 사실은 그 함의가 작지 않다. 미야자키 사건은 4세에서 7세까지의 유아기 여자아이를 납치 살해하고 사후 음간, 사체 식음 등의 '엽기 행각'을 벌인 사건으로 알려져 있다. 물론 이 사건과 이 사건의 범인을 특정 세대의 문화적 심리 기제 소산으로 직접 연결 지을 수는 없다. 그래서 이 엽기적이고 잔혹한 범죄를 둘러싸고 사람들이 범인의 잔혹함과 그 사회적 일탈성에 주목한 것은 매우 당연한 일이다.

미야자키는 1962년, 도쿄 교외에서 신문사를 경영하는 유복한 집안의 장남으로 태어났다. 미야자키의 증조부는 촌(村) 의회 의원을, 조부는 정(町) 의회 의원을 지내는 등 지역의 유지였다. 그는 순조롭게 초중고를 마치고 도쿄의 전문대학에 진학한다. 이곳을 졸업한 후, 자택 부근에 있는 인쇄회사에 취직하지만, 불성실한 근무 태도 때문에 곧 해고된다. 이런 경력을 보면, 오자키와 마찬가지로 미야자키에게도 가난이나 결핍의 흔적은 찾아볼 수 없다. 오자키와 달리 학교 시절에도 반항적인 태도 같은 흔적을 찾아볼 수 없다. 즉 그의 개인사에서 잔혹한 범행으로 이어지는 직접적인 동기를 찾아낼 수 없다는 것이다.

이 사건이 사람들의 눈길을 끈 것은 이 사건의 잔혹성 때문만이 아니었다. 미야자키의 방에서 발견된 약 6천 개에 달하는 비디오테이프 그리고 방대한 만화책과 애니메이션이 사람들의 이목을 끌었다. 일찍이 가시와기 히로시(柏木博)는 급격한 산업화로 소비사회와 핵가족화가 급격히 진행되면서 만들어진 "횡(공동체)과도, 종(역사)과도 관계없는 희박하고 고립된 생활공간"을 '미크로 유토피아'로 정의하면서 이 고립된 생활공간은 오직 더 많은 소비재가 추가로 채워져야만 유지될 수 있다고 지적한 바 있다.[6] 그렇다면 미야자키는 끊임없이 애니메이션, 비디오테이프, 만화책 같은 서브컬처 소비재로 자신의 방을 채워나감으로써 자신만의 '미크로 유토피아'를 유지한 셈이다. 당시의 '평균적'인 일본 사회의 감각에서 보자면, 이 '미크로 유토피아'는 이해할 수 없는 이상한 공간이었다.

----

6) 柏木博, 『ミクロユートピアの家族』, 筑摩書房, 1988, 93쪽.

그래서 잔혹하고 엽기적인 범죄 행각의 배경을 찾아 헤매고 있던 미디어는 미야자키 쓰토무의 불가사의한 '미크로 유토피아'에 달려들었다. 그리고 이 정체불명의 사건과 인물을 둘러싸고 하나의 단어가 부상한다. '오타쿠'. 당시 한 언론은 오타쿠를 "애니메이션이나 컴퓨터, 비디오 등에 몰두해 같은 취미를 가진 동료와도 거리를 두고 상대를 '오타쿠'라 부르는 사람", "인간 본래의 커뮤니케이션 능력이 없고 자신의 세계에 빠지기 쉬운"[7]이라고 정의하고 있다. 그리고 '서브컬처=오타쿠=신인류=사회 부적응자=범죄자'라는 등식이 부상한다. 즉 오타쿠를 '예비 미야자키'로 보는 것이다.

이 같은 언론 보도를 뒷받침하듯이 그 후에도 이해 불가능한 사건 사고가 줄을 잇는다. 1993년의 블루세일러(bloo-sailor), 94년의 데이트 클럽 소동, 95~96년의 원조교제 소동, 이어서 나타나는 텔레쿠라 소동, 1997년 4월의 '학급 붕괴', 같은 해 5월의 사카기바라(酒鬼薔薇)사건 등이 바로 그것이다. 그리고 급기야는 이 사건 직후 TBS 뉴스 21에 출연한 한 고교생이 "왜 사람을 죽여서는 안 되는 거지요?(죽일 수도 있는 것 아닌가요?)"라는 충격적인 질

7) 浜井浩一·芹沢一也, 『犯罪不安社会-誰もが「不審者」?』, 光文社, 2006, 80쪽에서 재인용.

문을 던지는 사태에 이른다. 이런 상황을 전후해서 1995년에 옴진리교 사건이 발생한다. 일본 정부가 택한 방식은 2000년에 형사처벌 최소 연령을 16세 이상에서 14세 이상으로 낮추는 것이었지만, '전후' 옹호파와 '전후' 비판파가 격돌하는 1990년대라는 공간 속에서 '전후'가 만들어 낸 '괴물'들은 이미 '전후'와는 관계없는 삶을 살고 있었다.

이렇게 보면, 포스트 단카이 세대에 속하는 1960년대 태생들의 청년기, 즉 1980년대 이후의 삶이 경제·문화적으로 소비사회, 서브컬처와 분리 불가능한 조건 속에 놓여 있었다는 점은 분명해 보인다. 하지만 그렇다고 해서 이들의 종착점이 오자키나 미야자키라고는 할 수 없다. 미야자키 쓰토무 사건 이후, '오타쿠 죽이기'가 사회적 대세가 된 가운데, 오쓰카 에이지는 미야자키 쓰토무 사건을 두고 "그가 오타쿠이기 때문에 어린아이를 죽였다고 세간에서 비난한다면, 그와 나의 감수성 사이에 어떤 차이가 있는지 전혀 알 수 없는 나는 그를 옹호한다."[8]라고 말한다. 즉 오쓰카는 오타쿠가 동일 세대의 문화적 공통성이라는 점을 받아들이면서도 오타쿠 문화를 엽기적인 살인과 인과관계처럼 이어내는 주류 미디어의 시선에 반

---

8) 浜井浩一・芹沢一也, 『犯罪不安社会-誰もが「不審者」?』, 83쪽.

대한 것이다. 그렇다면 1990년대로 이어지는 이들의 1980년대의 삶을 어떤 식으로 정리해낼 수 있을까? 이 점과 관련해서 다음 두 개의 인용문을 소개한다.

① "나는 항상 '커다란 한 방'을 기다렸다. 20년 전, 학생들이 난리를 쳤을 때, '어, 뭔가 큰 게 오겠군!' 하고 생각했다. 아폴로가 달에 가고 석유가 없어진다고 하고 소련이 어딘가를 침공하고 쇼와(昭和)가 끝난다고 할 때마다 '이번에는 크다.'라고 생각했다. 하지만 모두 진도3. 벽돌이 무너지는 정도. 서로 얼굴을 맞대고 '굉장하네.' 하고 웃으며 끝이다."[9]

② "80년대가 끝날 무렵, '세계 종말'이 유행했던 적이 있다. '위험한 이야기들'이 퍼져 나갔다. 가장 인기 있는 밴드가 체르노빌 관련 노래를 부르고, 아이들 사이에서 떠돌아다니는 이야기에는 모두 죽음의 냄새가 났다. 전세 소녀(前世少女)들은 아마겟돈에 대비해 패거리를 찾기 시작했다. 우리들은 '커다란 게 온다', '내일 당장 세계가 끝날지도 모른다'며 두근두근했다. 그런데 세계는 끝나지 않았다. 원전은 아무리 시간이 지나도 폭발하지 않았다. 전면 핵전쟁의 꿈은 어디론가 사라졌다. 안포토소(안보투쟁) 때의 학생

---

9) しりあがり寿, 『夜明ケ』, 白泉社, 1990.

들이 그랬던 것처럼, 방관하기만 한 80년대 혁명가는 제멋대로 좌절감을 맛보았다. 이젠 알았다. '커다란 한 방'은 오지 않는다는 것을. 22세기는 틀림없이 온다(물론 21세기도 온다. 아마겟돈 따위는 없으니까). 세계는 절대로 끝나지 않는다. '이계(異界)'나 '외부'에 조금 손을 갖다 댄 정도로는 만족이 되지 않는다. 훨씬 큰 자극이 필요하면, 정말로 세계를 끝내고 싶으면 남은 것은 '그 짓'을 해버리는 수밖에 없다. '재미없어. 짜증나.'라고 말해도 소용없다. 우리들은 운이 없다. 그런 역사의 단계에 태어났기 때문이다. 22세기까지 우리들은 매일매일 아침 7시에 일어나 학교나 회사를 다니고 의미 없고 쓸모없는 이야기를 반복해야 한다. 학교에서는 영어 단어나 역사 연호를 몇 번이고 반복해서 암기해야 한다. 회사에서는 '재미없어. 짜증나.'라고 툴툴거리며 정말 한심하기 짝이 없는 일을 1주일, 한 달, 1년 주기로 몇 주나 몇 달, 몇 년씩 반복해야 한다."[10]

첫 번째 인용문(①)은 만화 『요아케(夜明ケ)』의 후기(1990)에 실려 있는 글이다. 『요아케』는 만화가 시리아가리 고토부키(しりあがり寿)가 학생 시절의 일상을 그린 작품이다. 1958년 1월생인 시리아가리는 이 글에서 이른바 포스트 단카이 세대의 심정을 잘 드러내고 있다.

---

10) 鶴見済, 『完全自殺マニュアル』, 太田出版社, 1993.

두 번째 인용문(②)은 1964년생 작가 쓰루미 와타루(鶴見済)가 1993년에 발표한 충격적 데뷔작 『완전자살 매뉴얼』의 서문에서 인용한 글이다. '열심히 살자', '성실하게 살자'라는 사회 이데올로기에 대항해 일관되게 '삶의 버거움'을 주장하는 글을 썼던 그는 이 책에서 자살을 삶의 선택지 중 하나로 여기며 자살의 구체적인 방법을 소개하고 있다. 이런 점 때문에 이 책은 이후 '유해도서'로 지정되었다.

두 사람의 '자극적'인 글들은 각각 미야자키 사건 2년 후, 3년 후에 쓰였다. 옴진리교 지하철 사린 사건이 일어나기 약 2~3년 전이기도 하다. 이 두 사람이 옴진리교 사건을 보고 드디어 기다리고 기다리던 "한 방"이 왔다고 생각했는지는 확인하기 어렵지만, 이 글에서 정말 말하고 싶은 것은 아마겟돈 같은 "커다란 한 방"에 대한 기대가 아니다. 그보다는 아마겟돈이나 지구 멸망 따위는 있을 수 없다는 엄연한 현실에 대한 절망이다. 이들에게는 1960년대의 학생 반란도, 아폴로 달 상륙 같은 과학 문명의 진보도 의미 없는 일이고, 이 같은 의미 없는 세상에 종지부를 찍어줄 수 있는 혁명도, 핵폭발도 기대할 수 없게 되었다. 다람쥐 쳇바퀴 돌듯이 반복되는 일상에 자신의 몸을 내맡길 수밖에 없다. 결국 체념과 자살이라는 선택지밖에 없는 것이다. 이 글은 이 같은 젊은이들의 허무적이고 냉소적인 태도를 나타내고 있다. 한마디로 말하자면, "커다란 한 방"에 대한 기대가 배반으로 끝나고 다람쥐 쳇바퀴 돌듯이 반복되는 일상을 살 수밖에 없는 "삶의 버거움"이다.

"커다란 한 방"에 대한 기대와 일상 속에서 반복되는 "삶의 버거움". 이와 관련해, 옴진리교 사건 직후인 1995년에 사회학자 미야다이 신지(宮台真司)가 제시한 '1990년대 젊은이들에게 존재했던 두 개의 서브컬처적 세계관'이 연상된다.[11] 하나는 '끝없는 일상'이고 또 하나는 '핵 전쟁 후의 공동성'이다. '끝없는 일상'이라는 세계관은 전공투 운동을 비롯한 정치운동도, 소비사회를 지탱했던 버블 경제도 종말을 고한 상황 속에서 미래에 대한 희망이 없어진 1990년대의 젊은이들이 서브컬처 속에서 다람쥐 쳇바퀴 도는 일상을 살 수밖에 없는 상황을 일컫는다. '핵 전쟁 후의 공동성'이란 핵(파멸)전쟁이 일어나 세상이 종말을 고해야만 폐허 속에서 단결과 공동성이 부활한다는 이른바 '공동성'이다. 전자에는 화려한 진보도, 파멸도 없고, 만화 '우주전함 야마토'에 나타나는 숭고함(sublime)도

11) 宮台真司, 『終わりなき日常を生きろ──オウム完全克服マニュアル』, 筑摩書房, 1995.

없다. '전함 야마토'와 같은 거대한 혁명과 공동성에 대한 반발을 보여주는 다카하시 루미코(高橋留美子)의 『시끌별 녀석들(うる星やつら)』[12]은 '끝없는 일상'을 보여주는 대표적인 '서브컬처=만화'이다. '끝없는 일상'의 세계관에는 거대한 서사나 미래, 즉 장밋빛 미래에 대한 불신과 부정이 깔려 있다. 이에 대해 후자는, 전공투 같은 정치혁명의 꿈이 좌절된 이후 이를 대신해 등장한 서브컬처에 그려져 있는 파멸에 대한 기대와 파멸로부터 시작되는 새로운 공동성에 대한 기대가 깔려 있다.

즉 이들 세대에게 남겨진 길은 "커다란 한 방"이나 미야자키 쓰토무 같은 '사건', 오자키 유타카 같은 '약물중독', 이런 것들이 아니면 "끝없는 일상" 밖에 없다. 그래서 미야다이 신지는 옴진리교라는 또 하나의 "커다란 한 방"이 좌절된 이후, "끝없는 일상"을 "맛타리(그냥 그렇게)" 살라고 권한다. 옴진리교 사건 2~3년 전에 쓰인 이 두 개의 글이 "커다란 한 방"에 대한 좌절을 냉소적으로 그려냈다면, 실제로 옴진리교 사건에 가담한 청년들은 "끝없는

---

12) 《시끌별 녀석들(うる星やつら)》은 1978년부터 1987년까지 주간 「소년선데이」에 연재된 다카하시 루미코의 만화이다. 단행본은 일본에서 소년선데이코믹스(SSC) 34권으로 출시되었고, 한국에서도 '시끌별 녀석들'이란 제목으로 서울문화사에서 정식 발행되었다.

일상"에 종지부를 찍을 수 있는 "커다란 한 방"에 대한 '꿈'
을 저버리지 않았다.

왜 옴진리교에 집결한 청년들은 '맛타리 살기'를 거
부하고 "끝없는 일상"에 종지부를 찍는 '일본 파괴'의 충
동에 사로잡혔을까? 이 역시 서브컬처와 중요한 관련이
있다. 무라카미 하루키(村上春樹)는 옴진리교의 교의에
대해 "주위에 있는 정크(쓰레기) 부품을 열심히 긁어모아
(영화 E.T.가 창고에 버려져 있는 골동품을 이용해 고향
혹성과의 교신 장치를 조립한 것처럼) 만든 하나의 흐름
에" 교주 아사하라 쇼코의 '내적 고뇌'를 반영시킨 것에
불과하다고 하면서[13] 다음과 같이 말한다.

"세련되고 복잡하고 고상한 이야기일 필요도 없다. 문학의
향기도 필요 없다. 아니, 오히려 조잡하고 단순한 편이 더
좋다. 게다가 가능한 한 정크(골동품, 사기품)일수록 더 좋
을지 모른다.", "이야기는 하나의 '기호'로서의 단순한 이야
기로 충분하다. 전쟁에서 병사들이 받는 훈장이 순금이 아
니어도 좋은 것과 같다. 훈장은 그것이 훈장이라는 공동 인
식만 있으면 충분하다."[14]

13) 村上春樹, 『アンダーグラウンド』, 703쪽.
14) 村上春樹, 『アンダーグラウンド』, 702쪽.

여기서 말하는 '내적 고뇌'가 앞서 말한 미나마타병과의 관련성을 염두에 둔 것인지는 불분명하지만, "정크 부품"이 서브컬처를 지칭하고 있는 것만큼은 분명해 보인다. 옴진리교와 서브컬처의 연관성에 대해서는 요시미 슌야(吉見俊哉)도 다음과 같이 말한다.

"그들(옴진리교=인용자)이 반복해 강조하는 종말관은 '우주전함 야마토', '미래소년 코난', '환마대전(幻魔大戰)', '바람계곡의 나우시카'15) 같은 애니메이션의 조각들을 긁어 모아 섞은 것이다. 예를 들면, 아마겟돈에서 서양 기독교 문명에 동양 불교 문명이 패배하고 초능력자만이 살아남아 '구제 계획'을 실행에 옮긴다는 옴진리교의 이야기는, 서양 풍의 얼굴과 이름을 가진 이성인(異星人)에 의해 멸망해가는 인류를 일본인 정예부대가 탑승한 전함 야마토가 구제한다는 '우주전함 야마토'의 이야기를 모방한 것처럼 보인다. 또 가미쿠이시키무라(上九一色村)에 있는 교단 시설에서 곳곳에 설치된 공기청정기의 이름이 앞서 말한 애니메이션에 등장하는 방사능 제거 장치의 이름에서 따온 것 등, 세세한 부분까지 많은 유사점을 지적할 수 있다."16)

---

15) 나카자와 게이지의 〈맨발의 겐〉과 비교해, 〈바람계곡의 나우시카〉가 1980년대의 사회 상황 속에서 어떤 의미를 지니는지에 대해서는 권혁태, 「평화 인간 그리고 일본」, 『당대비평』, 제14호, 2001년 봄호 참조.

서브컬처의 영향을 받은 세대에게 옴진리교가 제시하는 세계관은 세간에서 이야기하는 것과는 달리, 너무나 친숙했다. 같은 세대인 오쓰카 에이지가 "30대 중반에서 초반까지의 나를 포함해 이전에 '오타쿠'였던 사람에게는 너무나 뻔한 것이지만, 옴진리교 사람들이 그려내는 역사상은 1980년대 서브컬처를 긁어모은 것이라고밖에 말할 수 없다. 아마 그 연대의 글쟁이라면 옴진리교의 언설 대부분을 놓고 어느 '오타쿠' 문화에서 인용한 것인지 그 세부적인 것까지 검증할 수 있다."[17]라고 말하고 있는 것은 이 때문이다. 즉 옴진리교의 교의는 1980년대 이래의 애니메이션, 만화, 게임 등과 같은 서브컬처의 총집결이었던 것이다.

1960년대 정치혁명의 꿈이 좌절된 이후 도래한 소비사회에서 서브컬처의 '세례'를 받은 포스트 단카이 세대에게 서브컬처가 제시한 두 개의 세계관은 기존의 거대담론을 대신하는 또 다른 세계관이었다. 그리고 두 개의 세계관 중 '핵전쟁 후의 공동성'이라는 세계관이 옴진리교 사건으로 폭발한 것이다. 그래서 오쓰카 에이지는 자신들

---

16) 吉見俊哉,『ポスト戦後社会-シリーズ日本近現代史⑨』, 岩波書店, 2009, 162~163쪽.
17) 大塚英志,『戦後民主主義のリハビリテーション』, 角川文庫, 2001.

과 같은 세대가 옴진리교에 동조한 것은 일본의 '전후'가 역사와 개인의 관계를 말하는 언어를 갖지 못했다는 데 그 원인이 있고, 이를 극복하기 위해서는 옴진리교라는 '위사(僞史)=가짜 역사'에 대항할 수 있는 '정사(正史)'를 재구축하는 작업밖에 없다고 말한다.[18] 즉 '전후'라는 가치 공간은 그것이 자본주의이든 사회주의이든 혹은 평화주의이든 이들에게 '정사'가 아니었던 셈이다.

필자는 1960년대 말부터 1970년대 초까지의 학원 분쟁, 나아가 적군파 등, 전후 사회에 대한 '반란'이 혁명적 금욕주의와 소비사회적 감수성 사이의 모순 속에서 진행되어 모순을 증폭시켰다는 점을 지적한 바 있다.[19] 그런데 오쓰카 에이지는 전자의 좌절로 인해 후자의 감수성이 사적이고 왜소한 서브컬처로 향하게 되었으며 이것이 오타쿠 문화로 귀결되었다고 말한다. 그리고 역사를 가지지 못한, 가질 수 없었던 서브컬처 세대가 '큰 이야기'를 '허구'의 형태로 제시한 옴진리교의 '위사(僞史)=큰 이야기'에 빠져들었다는 것이다.

1990년대 일본 사회를 뒤흔들어 놓았던 이 사건들에

---

18) 大塚英志, 『戦後民主主義のリハビリテーション』 참조.
19) 권혁태, 「1960년대 단카이 세대의 '반란'과 미디어로서의 만화 – 만화 『내일의 조』를 중심으로」 참조.

대해, 일본의 주류 사회가 보내는 시선과는 다른, 오쓰카 등이 보이는 공감에는 몇 가지 공통점이 있다. 하나는 포스트 단카이 세대의 '서브컬처=오타쿠'와의 친화성이고, 또 하나는 '끝없는 일상' 속에 있는 자신과 '종말사상'으로 무장한 '큰 이야기' 사이의 간극이다. '끝없는 일상'을 구성하는 '작은 이야기'와 '종말사상'을 구성하는 '큰 이야기'는 무엇을 의미하는 것일까? 그리고 '큰 이야기'의 해체를 받아들였던 서브컬처-오타쿠가 왜 옴진리교라는 또 하나의 '큰 이야기'에 빠져 들어갔을까?

3. '밑 빠진 시대', 그리고 '큰 이야기'의 해체, '허구의 시대'

사회학자 미야다이 신지(宮台真司)는 현대를 "사회의 밑바닥이 빠진 시대"(社会の底が抜けた時代), 즉 사회 구성원들이 사회의 밑바닥이 빠져 있다는 사실을 인지하고 있는 시대[20]로 규정한다. 그가 말하는 것은 이런 것이다. 예를 들면 '사람이 사람을 죽여서는 안 된다'는 명제는

---

20) 宮台真司, 『日本の難点』, 幻冬舎新書, 2009, 5~6쪽.

법적이고 제도적인 장치이면서, 동시에 그 법, 제도를 지탱하는 것은 사람들의 의식 속에서 무언중에 합의되어 있는, 혹은 합의되어 있다고 믿는 윤리이기도 하다. 법·제도와 윤리의 상호작용 속에서 체제가 유지되는 법이다. 그런데 만일 '왜 사람이 사람을 죽여서는 안 되지? 죽일 수 있는 것 아닌가?' 하는 생각을 가진 사람이 나타난다면, 그것도 복수와 같은 뚜렷한 동기가 아니라 '그냥' 이유 없이도 죽일 수 있다고 생각한다면, 이는 법이나 제도를 지탱해 왔던 사회의 공통적인 심리 기제가 붕괴되었을 뿐만 아니라 그 붕괴를 인지하고 있는 사람들이 하나의 층으로 나타났기에 빚어진 현상이라고 보지 않으면 안 된다. 이를 미야다이는 "사회의 밑바닥이 빠진 시대"라 규정한다. 옴진리교의 '일본 파괴'라는 실천에 가담한 젊은 층의 심리에는 이 같은 "사회의 밑바닥이 빠진 시대"를 살고 있는 부유(浮遊)가 있었다. 즉 전후라는 가치 공간이 더 이상 이들 세대를 규율할 수 없는 사태가 옴진리교로 이어진 것이다. 아즈마 히로키(東浩紀)는 이를 오타쿠와 연결하면서 다음과 같이 말한다.

"오타쿠들이 사회적 현실보다 허구를 택하는 것은 양자를 구별하지 못해서가 아니라, 사회적 현실이 부여하는 가치 규범과 허구가 부여하는 가치 규범 중 어느 쪽이 그들의 인간관계에 유효한가 하는 것을 비교한 결과이다. 예를 들어, 아사히신문을 읽고 투표장에 가는 것과 애니메이션 잡지를 한 손에 들고 판매전에 줄을 서는 것 중 어느 쪽이 친구들과의 커뮤니케이션을 보다 원활하게 할 수 있느냐 하는 그 유효성을 저울질한 결과이다. 그런 한에서 사회적 현실을 택하지 않은 그들의 판단이야말로 현재의 일본에서는 오히려 사회적으로 현실적이라고까지 말할 수 있다. 오타쿠들이 취미의 공동체에 갇히는 것은 그들이 사회성을 거부하고 있기 때문이 아니라 오히려 사회적인 가치 규범이 잘 기능하지 않아 다른 가치 규범을 만들 필요가 생기고 있기 때문이다."[21]

즉 "사회적인 가치 규범"을 '전후'라는 가치 공간이라 한다면, 이 가치 규범의 기능 부전 상태에서 "다른 가치 규범을 만들 필요" 때문에 오타쿠라는 문화 현상이 세대의 집합심리로 대두되었으며, 이는 "허구"의 형태를 띠면서도 다른 의미에서는 매우 "현실적"인 선택이라고 아즈마는 말하는 것이다. 다시 말하면, 1980, 90년대란 단순히 "사회의 밑바닥이 빠진 시대"가 아니라, 일본의 '전후'

---

21) 아즈마 히로키, 『동물화하는 포스트모던-오타쿠를 통해 본 일본 사회』, 이은미 옮김, 문학동네, 2007, 59쪽.

를 구성했던 기존의 '큰 이야기' 같은 가치 규범, 예를 들면 자본주의, 사회주의, 평화주의 등등이 기능하지 못하게 된 시대인 것이다. 이 기능 부전 상태가 오타쿠 문화를 통해 '허구'의 가치 규범을 같은 세대에게 제공했으며, 이 새로운 가치 규범이 이들 세대에게는 새로운 "사회의 밑바닥"으로 다가왔을 가능성이 있다. '서브컬처=오타쿠=옴진리교'라는 등식 자체가 성립되는 것은 아니지만, 분명한 것은 이 새로운 문화 현상의 배경에 적어도 '전후'라는 가치 공간의 기능 부전이 자리하고 있었다는 것이다. 그렇다면 옴진리교 사건을 이른바 '큰 이야기=정사(正史)'의 실추와 이를 대신하는 '위사(僞史)'의 대두라는 점과 관련해서 보아야 한다.

옴진리교 사건을 사상사적으로 간주할 때, 빼놓을 수 없는 것이 포스트모던 혹은 탈근대론과의 연관성 문제이다. 물론 옴진리교 사건 등을 포스트모던이라는 특정한 문화 현상과 관련시켜 설명하는 것에 이론(異論)을 제기하는 입장이 없는 것은 아니다. 예를 들면 종교학의 입장에서 본격적으로 옴진리교를 분석한 오타 도시히로(太田俊寬)는 옴진리교 현상을 포스트모던으로 접근하는 태도를 비판하면서, 옴진리교가 "근대의 종교" 중 하나라는 점은 "너무나 자명한 사실"이며 "국가가 이 이승[此岸]의 세계에서 주관성을 획득해 종교나 신앙 관련 일들이 '개인의 내면'이라는 사적 영역으로 밀려나는 구조"를 가진 근대사회는 "근본적으로 삐뚤어진 '종교'가 많이 발생할 수 있는 구조"의 사회라고 말한다.22) 즉 포스트모던이 아니라 모던이 옴진리교를 낳았다고 보는 것이다.

물론 옴진리교라는 종교가, 아니 정확하게는 옴진리교 현상이 탈근대적, 포스트모던적인 성격을 지니고 있었는가 하는 것은 이 글에서 중요하지 않다. 이른바 포스트모던 시대를 살았던 1980년대 이후의 일본 젊은이들이 왜 옴진리교라는 종교나 이념 체계에 빠져들었는지, 즉 옴진리교를 하나의 사회현상으로 문제 삼아야 하기 때문이다. 여기에서 중요한 것은 위에서 말한 바와 같이, 소비사회의 진행으로 개인이 파편화, 부유화되면서 기존의 '정사'를 구성했던 '큰 이야기'가 설 자리를 잃어버리고 청년들이 급격하게 탈정치화, 탈역사화되는 현상이 1970, 80년대 이후 급격하게 진행되었으며, 이런 상황에서 서브컬처 세계관('끝없는 일상'과 '핵전쟁 후의 공동성=아마겟돈'의 사상)으로 무장한 옴진리교가 '정사'를 대신한 '위사'의 형태로 '큰 이야기'를 제공해 주었다는 점이다. 장

---

22) 大田俊寬, 『オウム真理教の精神史 ロマン主義・全体主義・原理主義』, 春秋社, 2011, 25, 276, 45쪽.

프랑수와 리오타르(Jean-François Lyotard)는 "'포스트모던적'이라는 것은 큰 이야기에 대한 불신"[23]이라고 하면서 다음과 같이 말한다.

"포스트모던한 것은 근대적인 것에서 표현할 수 없는 것을 표현 그 자체로 드러내는 것이다. 그것은 좋은 형식이 갖는 위상, 얻을 수 없는 것에 대한 향수를 집단적으로 공유하게 하는 취향의 합의를 거부한다."[24], "총체성에 전쟁을 선포하자. 표현할 수 없는 것의 증인이 되면서 차이들을 활성화하고 그 이름의 명예를 구출하자."[25]

여기서 말하는 "큰 이야기"란 사랑으로 원죄에서 해방된다는 기독교, 노동의 사회화에 의해 착취와 소외로부터 해방된다는 마르크스주의의 이야기, 산업 발전과 경쟁이 빈곤을 해결해준다는 자본주의의 이야기 등과 같은 이야기들이다. 따라서 포스트모던이란 이런 큰 이야기가 힘

---

23) 장 프랑수아 리오타르, 『포스트모던적 조건-정보사회에서의 지식의 위상』, 이현복 옮김, 서광사, 1992, 14쪽. '메타 이야기'를 '장 프랑수아 리오타르, 『포스트모던의 조건』, 유정완, 이삼출, 민승기 옮김, 민음사, 1992'에서는 '대서사'로 옮겼지만, 이 글에서는 모두 '큰 이야기'로 통일했다.
24) 장 프랑수아 리오타르, 『포스트모던의 조건』, 179~180쪽.
25) 장 프랑수아 리오타르, 『포스트모던의 조건』, 181쪽.

을 잃고 그 대신 무수한 작은 이야기들이 단편적으로 산란되고 있는 상태를 말한다. 즉 "큰 이야기", "취향의 합의", "총체성"의 해체이다. 앞서 말한 바와 같이 옴진리교에 집결한 청년들의 심정에는 일본 사회에서 급격하게 진행된 '큰 이야기'의 해체, 즉 '우산'이 없는 소비사회가 그 배경으로 자리하고 있다.

이 점과 관련해서 무라카미 하루키도 말한다. 옴진리교의 교주 아사하라 쇼코가 제시하는 이야기를 "바보 같은 이야기", "황당무계한 정크 이야기"라고 모두 비웃지만 이에 대해 "이쪽은 어떤 이야기를 제시할 수 있을까?"라고. "아사하라의 황당무계한 이야기를 물리칠 수 있을 정도의 온전한 힘을 가진 이야기를 서브컬처의 영역이든 메인 컬처의 영역이든 우리들은 과연 손에 넣고 있을까?"라고 말이다.26) 즉 '위사'에 대항하는 '정사'가 없다는 점을 자기 고백하고 있는 것이다.

아즈마 히로키도 "쓰레기 같은 서브컬처를 재료로 신경증적으로 '자아의 껍데기'를 만들어내는 오타쿠들의 행동 양식은 확실히 큰 이야기의 실추를 배경으로 하고 있으며, 그 공백을 메우기 위해 등장한 행동 양식"이라고 말

---

26) 村上春樹, 『アンダーグラウンド』, 703~704쪽.

한다. 그리고 오사와 마사치(大沢真幸)의 분석을 원용해 "자신의 주변에 있는 타인의 세계(경험적 세계)와 그들을 초월한 신의 세계(초월적 세계)"를 구별하지 못해 "그 결과 서브컬처를 소재로 한 의사(擬似) 종교에 쉽게 걸려드는" 것이라고 말한다. 현대사회 전체를 '큰 이야기'의 실조 (失調)로 특징지을 수 있기 때문에 그 간극을 서브컬처로 메우려 한다는 것이다[27]. 일종의 '허구'의 세계이고 '미니 유토피아'이다.

　　사회학자 미타 무네스케(見田宗介)는 1945년부터 1960년 무렵까지를 '이상의 시대', 1960에서 1970년까지를 '꿈의 시대', 그리고 1990년대까지를 '허구의 시대'로 명명하면서, '전후'에서 '포스트 전후' 사회로의 이행을 '꿈' 혹은 '이상의 시대'에서 '허구의 시대'로 이행하는 것에 대응하는 것으로 보고 있다. '이상'이라는 단어를 미타는 "아직 현실화되지 않은 가능(可能) 현실"이라는 뜻으로 사용하고 있다. 그는 이상이란 현실과 동떨어진 것이 아니라 현실과 이어져 있는 것이며 따라서 현실을 사는 것이 이상을 찾는 것이라 말한다. 그리고 사회주의 혹은 미국적 풍요로움이라는 '이상'은 대체로 1960년 안보투쟁을 계기로

27) 아즈마 히로키, 『동물화하는 포스트모던』, 61쪽.

뒷전으로 밀려났다고 한다.[28] 오사와 마사치(大沢真幸)가 1960년 안보투쟁을 미국적 데모크라시이든 소비에트 코뮤니즘이든, 적극적인 이상을 가진 인간과 아무런 이상을 가지지 못한 체제적인 현실주의자 사이의 싸움이라고 진단한 것도 같은 맥락이다.[29]

1960년을 계기로 '이상의 시대'가 무너지게 된 까닭 중 하나는 고도성장이고 또 하나는 전공투 등 학생운동의 급진화이다. 고도성장으로 인해 미국적 풍요로움은 이상이 아닌 현실이 되어 이상과 현실의 간극이 좁혀졌다. 다시 말해 '가능 현실'인 '이상'이 현실이 된 것이다. 앞서 인용한 '고교 3년생'이나 '위를 보고 걷자'라는 노래에서 이야기하는, 밝고 미래지향적인 노동관에 바탕을 둔 '이상'이 현실이 되었다. 이에 반해 소련 사회주의라는 '이상'을 잃어버린 청년층은 모든 것의 부정(이른바 '자기부정')을 통해 현실과 동떨어진 '꿈의 시대'로 접어든다. 이 단계에서 사회주의는 더 이상 '이상'이 아닌, '꿈'이 되었다. 그리고 그 '꿈'을 좇아 급진화로 치달았다. 그 급진화의 끝에는 분열, 살육, 숙청으로 점철된 '우치게바'와 연합적군 사건

----

28) 見田宗介, 『現代日本の感覚と思想』, 講談社, 1995.
29) 大澤真幸, 『虚構の時代の果て−オウムと世界最終戦争』, 筑摩書房, 1996.

이 있었다.

1970년대 이후 정치의 계절이 종언을 고하고 '우산이 없다'의 시대로 접어든다. 그리고 고도성장의 고도화에 의해 진행된 급격한 소비사회와 서브컬처의 대두가 현실과 관계없이 성립되는 '허구'를 낳았다. 기호화, 정보화된 '허구'는 현실화되지 않는, 혹은 현실화될 수 없는 '이상'이나 '꿈'이다. 즉 반(反)현실이고 비(非)현실이다. '허구의 시대'를 사는 법은, 미타의 말을 빌리면, "리얼리티의 '탈취(脫臭)'를 향해서 부유하는 '허구'의 언설이며 표현이고 생의 기법"[30]이었다.

오사와 마사치(大沢真幸)도 비슷한 견해를 피력한다. 즉 그는 일본의 전후사를 '이상의 시대'와 '허구의 시대'로 구분하고 '허구의 시대'가 '신인류'와 '오타쿠' 같은 미니 유토피아를 낳았다고 말한다. 이는 '이상의 시대'를 지배하고 있던 무겁고 거대한 이야기로부터의 해방을 전제로 하고 있다. 이상의 이상성에 철저함으로써 이상은 자기부정으로 치달았고 이상의 부정을 이상으로 삼음으로써, 즉 이상의 내용적인 구체성을 부정하고 이상에 대한 지향만을 철저히 함으로써 이상의 시대가 무너진 것처럼, 허구

---

30) 見田宗介, 『現代日本の感覚と思想』, 講談社, 1995.

의 시대에서는 허구를 철저히 함으로써 허구가 종말을 이상으로 삼게 되었다고 말한다.

오사와는 다른 책에서 전후 사상의 흐름을 이상, 결여를 축으로 전개하는데, 이상의 시대(1945~70년), 물질적 풍요로움이 이상을 대체하는 시기(1970~95년)를 '결여의 부재'로 정의한다. 포스트모던과 오타쿠가 '결여의 부재'를 상징한다면, 옴진리교 사건은 '결여의 부재'에서 '결여의 결여'로 이행함을 상징한다. 즉 "옴진리교와 같은 신흥종교의 성행은 역설적으로 물질적 풍요 속에서 정신적 공허함이 새로운 결여로 경험되는 상황"이며, "따라서 개인과 국가의 수준을 넘나들며 정신적 가치의 회복을 갈구하는 90년대 담론은 파편화된 개인의 정신적 공허감(결여감)이라는 현대의 지적 상황에 대한 사상적 대응"이었다고 볼 수 있다.[31]

---

31) 서동주, 「역자후기」, 오사와 마사치 지음, 『전후 일본의 사상 공간』, 서동주, 권희주, 홍윤표 옮김, 어문학사, 2010, 216~217쪽.

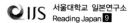

서울대학교 일본연구소
Reading Japan 9

제6장
결론을 대신하며
- 3.11과 '전후'

● 이런 의미에서 보면 탈정치화와 국가로
● 회수되는 청년층의 '초국가주의'를 만들
● 어낸 것은 '전후' 그 자체이다. 즉 평화와
민주주의 그리고 고도성장으로 포장된
'전후'를 상대화하고 비아냥거리는 '괴
물'들이 이미 '전후' 속에서 배양되고 있
었다는 것이다. '전후'를 지루하게 혹은
괴롭게 느낀 새로운 세대들을 낳은 것
은 '전후'이지만, 이런 의미에서 보면 '전
후'를 부정하고 이의 파멸을 기다리는
것도 '전후' 그 자체였다.

결론을 대신하며
— 3.11과 '전후'

2011년 3월 11일 일본의 동북부 지역을 강타한 지진과 해일은 물론 자연재해이다. 물론 자연재해라 해도 그 피해는 지역별, 계급적, 연령별 편차에 따라 다르게 나타나기 때문에 자연재해를 사회적 문제와 온전히 분리할 수는 없다. 따라서 지진, 해일은 자연재해, 원전 사태는 인재라는 구분법은 여러 가지 면에서 의문의 여지가 있다. 어찌 되었든 3.11을 보고 "지옥의 문이 열렸다."나 "세상이 끝났다."라는 표현이 나올 만큼, 3.11이 준 충격은 어마어마했다. 이 표현은 물론 3.11이 문명사적인 사건임과 동시에 말로 표현할 수 없는 그 피해의 엄청남을 절망적으로 강조하는 것이지만, 이를 일본의 시대감각 속에서 재구성하면, '끝났다'는 시대감각은 '전후'이다. 그리고 다시 도래

할 새로운 시대에 대한 말이 나온다면 이는 '포스트 전후'를 뜻한다. 사실 자연재해는 인재와 결합되지 않아도 그 자체가 시대와 시대를 가로막는 돌발적인 계기-이 경우에는 문명사적 혹은 종교적 의미를 가지는 경우가 많지만-로 작용하는 경우가 적지 않다. 더욱이 자연재해가 후쿠시마 원전 사고와 같은 인재와 결합되어 진행되면, 그 계기는 한 시대의 종언과 새로운 시대의 시작을 예고하는 정치적 의미를 띠는 경우가 많다. 따라서 이 미증유의 사태 이후에 언설 공간에서 이른바 '시대론'이 범람하는 것은 매우 자연스러운 일이다. 이 때문에 3.11 이후 '전후'가 호출되고 상기된다. 물론 범람하고 분출하는 전후론은 매우 다양한 줄기를 가진다. 그렇다면 인재와 결합된 3.11이라는 재해가 한 시대의 '종언'이라고 할 때, 여기서 말하는 한 시대가 무엇을 의미하는지, 이를 문제 삼지 않으면 안 된다.

하나는 이른바 핵에너지의 종언과 탈핵 시대의 시작으로 보는 혹은 보고 싶어 하는 시각이다. 주로 반(탈)핵론자나 탈핵론자들에게서 나타나는 이런 시각이 전후론·포스트 전후론의 한 축을 이루는 까닭은 일본의 '전후'가 히로시마·나가사키 원폭 투하에서 시작되었으며, 핵에너지의 개발과 사용이 '전후'와 궤를 같이할 뿐만 아니라 그 '전후'가 표방한 평화, 민주주의, 고도성장이라는 가치 공간이 핵에너지의 전성시대('원전 입국(原電立國)', '원전 대국')와 분리할 수 없기 때문이다. 이런 의미에서 보면, 3.11은 일본의 전후 번영을 지탱했던 두 개의 아토믹 선샤인(atomic sunshine)의 위기를 그 자체로 드러낸 사건이다. 그 하나는 미국의 핵우산이라는 아토믹 선샤인이다. 일본은 일본 국적의 핵무장을 포기하는 대신에 미국 국적의 핵무기가 지켜주는 핵 블록에 적극 가담함으로써 군사적 안온을 누렸다. 다른 하나는 원전이라는 아토믹 선샤인이다. 일본은 원전이 주는 안온한 아지랑이에서 경제적 번영을 누렸다. 이 두 개의 아토믹 선샤인, 즉 군사적이면서 산업적이기도 한 이 두 개의 아토믹 선샤인이 전후 일본의 '번영'을 지탱했다.[1] 따라서 탈핵론자, 반핵론자가 주장하는 '전후 종결론', 즉 전후가 '후쿠시마 원전 사고에 의해 막을 내렸다[2]'는 것은, 실제로 그렇게 될지 여부와 관계없이, 1945년부터 원자력 에너지와의 결합을 통해 시작된 '전후'가 이 이상 지속 불가능하다는 '자기 고백'이나 다름없다.

---

1) 자세한 내용은 권혁태, 「두 개의 아토믹 선샤인―피폭국 일본은 어떻게 원전대국이 되었는가」, 『황해문화』, 2011년 여름.
2) 開沼博, 『「フクシマ」論-原子力ムラはなぜ生まれたのか』, 青土社, 2011.

이에 더하여 3.11 이후에 등장하는 또 하나의 전후론이 있다. 이른바 '국난극복의 전후론'이다. 예를 들면 3.11에서 5개월이 지난 2011년 8월 15일, 정부 주최 전국 전몰자 추도식에서 당시 수상이었던 간 나오토(菅直人)는 "우리 국민 한 사람 한 사람의 노력에 의해 전후 폐허에서 다시 일어나 지금까지 많은 곤란을 넘어서 왔"으며, "이런 경험을 지닌 우리들은 재해 지역과 일본을 반드시 힘차게 재생시킬 것이다."라고 말했다. 또 3.11 1주년 추도식에서 노다 요시히코(野田佳彦) 당시 수상도 "우리나라의 번영을 이끈 선조들은 위기 때마다 더욱 강인하게 일어섰습니다. 재난 지역의 고난의 날에 다가가면서 함께 손을 마주 잡고 '부흥을 통한 일본의 재생'이라는 역사적 사명을 다해갈 것입니다."라고 말했다. 3.11이라는 재앙을 패전 직후의 '폐허'와 그 이후의 '전후=번영'에 빗대고 있는 것이다. 여기서 호출되는 '전후'는 부정하거나 극복해야 할 대상·가치 공간이 아니라 오히려 상기(想起)해야 하는 역사적 교훈이다. 따라서 여기서 말하는 전후론은 전후를 지탱해 왔던 핵에너지, 즉 '아토믹 선샤인'의 지속과 다름없다.

세 번째는 사카이야 다이치(堺屋太一)의 '제3의 패전론' 등과 같은 이른바 '개혁론'과 결부된 전후론이다. 사카이야는 제1의 패전을 메이지유신 전야의 무사 계급의 패전으로, 제2의 패전을 제2차대전의 패전으로, 3.11을 제3의 패전으로 각각 보고, 이어서 "지금 우리들은 이제까지의 체제, 그 근본에 있는 윤리관 등을 버리고 완전히 새로운 국가 만들기를 해야 한다."[3]라고 말한다. 주로 보수파 지식인들에 의해 제창되는 이 같은 입장은 3.11을 '국난(國難)'으로 보고 일본이라는 국가의 연속성과 그 연속성을 지키기 위해 근본적인 개혁을 주창한다. 이 경우, '전후'란 특정한 시대에 작동했던 특정한 가치 공간이며, 따라서 지양하고 극복하고 청산해야 할 대상이다. 예를 들어보자.

"너무나 길고 긴 '전후'에 이제야 종지부를 찍었다. (중략) '전후'로부터 폭력적 해방이 일어났다. (중략) '평화헌법'으로 '전후' 입국(立國)을 한 일본에 전쟁 책임의 재래(再來)는 있을 수 없다. (중략) '전후'에서 '재후(災後)'로. 이는 일본이 '전후' 줄곧 추구하고 실현해온 '고도성장과 그 후'의 사회, '끝내야 한다'고 몇 번이나 외쳐왔으면서도 결국은 탈출할 수 없었던 고도 경쟁 사회의 정치, 경제, 문화가 갑작스럽게 종언한 것이나 다름없다. (중략) '전후 정치'의 상식은 이제는 통용되지 않는다. '재해 정치'라는 비상식의 시작인 것이다. 여당 민주당 대 야당 자민당이라는 '전후'적 대립은 전혀 의미가 없다. '재해 정치'를 지향해 대담한 발상의 전

---

3) 堺屋太一, 『第三の敗戦』, 講談社, 2011.

환과 기존의 법적인 족쇄(しぼり)로부터 해방되지 않으면 안 된다. 그리고 '국토 창조'라는 전대미문의 과제에 뛰어드는 것이야말로 '재해 정치' 최우선의 테마인 것이다."[4]

이 인용문은 정치학자 미쿠리야 다카시(御厨貴)가 2011년 일본 열도를 강타했던 대지진과 후쿠시마 원전 사고에서 한 달도 지나지 않은 시점에 쓴 글이다. 이 짧은 글에서 미쿠리야는 '전후'의 종언을 선언한다. 그것도 그렇게도 "끝내고 싶어 했던" '전후'가 3.11이라는 "폭력"에 의해 강제로 막을 내렸음을 선언한다. 그리고 이를 "폭력적 해방"으로 표현한다. 3.11로 인해 '전후'를 지탱했던 전쟁 책임과 평화헌법이 시효(時效)를 맞이했으며 자민당 대 민주당의 대립이라는 상식적 '전후 정치'를 대신해 법적인 족쇄로부터 자유로운 비상식의 정치, 즉 '재해 정치'가 막을 올렸음을 선언한다. 그는 '재해 정치'를 '비상식'이라는 단어로 표현함으로써 어떤 극적인 비정상적인 정치적 변혁(비상사태)을 수용하고 있다는 의심에서 자유롭지 못하게 되었다. 미쿠리야는 이 글에서 밝힌 대로 2011년 4월에 발족된 '동일본 대진재 부흥구상회의'의 의장 대리에, 그리고 2012년 2월에는 부흥청 부흥 추진위원회 위원장 대

---

4) 御厨貴, 「災害政治の時代」, 『読売新聞』, 2011.3.24.

리에 취임하였지만 그가 말하는 '재해 정치'가 시작되고 있다는 인상을 받기는 어렵다. 그런데 눈길을 끄는 것은 여기서 호출되는 '전후'라는 말이다. 정확하게 말하자면 이른바 '전후'라는 가치 공간이다. 그에게 '전후'란 언제나 끝내고 싶어 했으면서도 끝내지 못했던 대상물이다. 그는 '전후'를 끝내기 위해서는 '전후'의 전제였던 전쟁 체험을 대신할 수 있는 공통의 체험이 필요했는데, 3.11은 전후의 공통 체험을 대신하는 재해 정치의 공통 체험이 될 수 있다고 보았다.

또 3.11은 전통적인 보수-혁신 구도에도 변화의 가능성을 제기하였다. 전후 체제 속에서 일본의 보수-혁신은 일반적으로 보수가 원전 지지, 헌법 개정을 주장하고, 혁신이 원전 반대, 헌법 옹호를 주장하는 구도 속에서 진행되어 왔다. 물론 이 같은 대립 구도는 1990년대 중반에 적지 않은 변화를 겪었지만 사람들의 '심정' 속에 각인된 구도는 이 틀에서 크게 벗어나지 않았다고 해도 좋다. 그런데 3.11 이후 변화의 가능성이 나타났다. 예를 들면 전통적으로 원전을 지지하던 우파 중에서 니시오 간지(西尾幹二)나 다케다 쓰네야스(竹田恒泰) 같이 탈원전을 주장하는 사람이 등장하는가 하면,[5] '히노마루'를 내걸고 탈원전 시위에 참여하는 우파도 등장하였다. 그리고 이들의 '전향'을 원전 폐기라는 당면의 목표를 위해 '전술적'으로 용인하는 혁신 진영의 변화도 또 다른 사례이다. 또 전통적인 노조나 정당 중심이 아닌 젊은 층, 예를 들면 '시로오토(素人)의 난(亂)'이라 불리는 스기나미(杉並) 구 고엔지(高円寺)를 중심지로 젊은 층이 주도한 대중적 시위가 적지 않은 인원을 동원하는 등과 같은 사태도 변화 중의 하나이다. 또 이 같은 변화와 병행해 다카하시 데쓰야(高橋哲哉)나 마에다 데쓰오(前田哲男) 같이 오키나와를 끌어들여 '후쿠시마'를 식민주의, 혹은 식민지적 상황으로 분석하려는 새로운 움직임도 등장하였다.[6] 따라서 3.11은 전통적인 보수-혁신이라는 대립 구도로는 읽어낼 수 없는 정치 진영의 부분적 변용 가능성을 가져다주었다고 할 수 있다.

하지만 그렇다고 해서 이 같은 새로운 현상이 새로운 정치 지형의 변화로 이어질 가능성은 현재로서는 크다고 볼 수 없다. 3.11 이후 무려 2년 가까이 민주당 정권이 지속되었고, 3.11 이후에 벌어진 각종 지방선거에서 원전 지

---

5) 西尾幹二,「脱原発こそ国家永続の道」,『WiLL』, 2011.7.; 竹田恒泰,『原発はなぜ日本にふさわしくないのか』, 小学館, 2011.

6) 高橋哲哉,『犠牲のシステム　福島・沖縄 』, 集英社, 2012; 前田哲男,『フクシマと沖縄—「国策の被害者」生み出す構造を問う』, 高文研, 2012.

지 후보가 당선되고 탈원전 후보가 낙선되는 기존의 현상에 변화는 없었다. 변화가 있다면 '우선회'가 있었을 뿐이다. 재해가 정치적 변혁으로 이어지기는커녕 경우에 따라서는 파시즘의 온상이 되는 것이 역사적 상례(常例)라 할 때, 하시모토 도루(橋下徹) 오사카 시장 같은 젊은 파시스트 정치가가 새로운 정치적 비전으로 각광 받는 일본의 현실도 이 틀에서 크게 벗어나지 않는다. 2012년 말 선거에서 자민당의 압승과 민주당의 참패로 아베 신조 내각이 등장한 것도 우선회의 대표적인 사례이다. 그렇다면 원전 그 자체도 문제이지만 원전과 지진해일로 비롯된 일본 사회의 '위기'가 왜 정치적 비전의 가능성으로 이어지지 못하고 극우파적 정치가의 등장 가능성으로 이어지고 있는가? 또 왜 전통적인 리버럴 좌파는 3.11 이후에 새로운 정치적 비전으로 자리 잡지 못했는가? 3.11이라는 '재해'는 1945년부터 이미 시작되었다고 하는 논리, 즉 이를 '전후'와 관련해서 되돌아보는 계기로 삼고자 할 때, 3.11 이후의 사회 정세나 정치 정세와 관련해서 놓쳐서는 안 되는 시공간이 바로 1990년대라는 것, 이것이 이 책의 문제의식이었다.

해답은 고이즈미-아베-아소 우파 정권과 그 이후에 등장한 민주당 정권의 좌절, 그리고 다시 아베 정권으로 이어지는 2000년대 현상을, 소비사회(론)의 전개를 특징으로 하는 1980년대까지의 잠재된 현상이 냉전 해체라는 위기적 상황 속에서 구체적으로 드러난 결과로 봐야 한다는 것이 이 책의 주장이다. 특히 20, 30대 청년층의 탈정치화와 탈정치화의 끝에 자리한 '보수화' 현상은 그중에서 가장 중요하다. 2012년 12월 선거의 연령별 투표율을 보면, 20대 37.89%, 30대 50.10%인 데 반해 가장 높은 투표율은 60대 73.94%였다. 1967년 선거에서 20대의 투표율이 66.79%였던 것과 비교하면 격세지감이지만, 20, 30대 기권율 상승은 이미 1990년대부터 본격화되고 있었다. 탈정치화, 탈정당화된 청년들은 정당정치의 외연에 자리한 '새로운 형태의 내셔널리즘'으로 흡수되어 일본이라는 국가에 회수된다. 그리고 이런 정당정치의 외연에 자리한 새로운 내셔널리즘이 일본의 우경화를 촉진시키는 배경으로 작용하게 된 것이다. 그렇다면 왜 청년들은 일본이라는 국가에 회수되었는가?

'전후' 일본을 지탱한 '큰 이야기'는 두 가지였다. 하나는 열심히 일하면 잘 살 수 있다는 자본주의 이야기, 또 하나는 혁명을 일으키면 행복해진다는 사회주의 이야기. 앞서 말한 노래 '고교 3년생'이나 '위를 보고 걷자'가 전자의 이야기라면, 오카바야시의 '벗이여'는 후자의 이야기이다. 1970년대 초반 전공투 운동의 좌절은 후자의 소멸을 뜻한다. 즉 '우산'이 없어진 셈이다. 물론 아직 전자는 살아 있었다. 하지만 전자의 이야기에 대한 믿음은 전자가 현실화되자 이야기로서의 매력과 기능을 잃어버린다. 경제적 풍요로움은 '위를 보고 걷자'처럼 낙관적으로 성취해야 할 것이 아니라 이미 주어져 있는 고정불변의 것으로 여겨졌다. 그래서 한편에서는 소비사회를 구가하자는 '용비어천가'가 쏟아져 나왔다. '난토나쿠(그냥), 크리스털'이나 '부드러운 개인주의'는 그 대표적인 사례이다. 하지만 동시에 경제적 풍요로움 속에서 모순이 싹트고 있었다. 소비사회의 진전과 관리 체제의 모순이 하나이고, 또 하나는 일본의 현실과 서브컬처 사이의 갈등이었다. 이 두 가지 요소의 간극에서 터져 나온 것이 바로 미야자키 쓰토무 사건과 그 현상이었고, 오자키 유타카의 노래였다. 특히 옴진리교 사건은 사회주의라는 거대한 이야기가 소멸된 1980, 90년대 일본 청년들에게 새로운 '큰 이야기'로 다가왔다. 현실 사회주의의 몰락과 일본 사회 운동의 실패로 인한 '큰 이야기'의 소멸이 옴진리교 사건의 배경이 되었다. 게다가 옴진리교 교주 아사하라 쇼코의 '신체화'된 불행에는 미나마타병이라는 전후 체제의 모순이 각인되어 있었다. 즉 사회주의를 대신하는 옴진리교라는 '큰 이야기'가 아사하라 쇼코의 신체에 각인된 '전후'의 모순과 결합되면서 거대한 '위사(僞史)'가 만들어진 것이다. 물론 옴진리교 교리가 서브컬처의 집대성이라는 점도 중요하게 작용했다. 무라카미 하루키나 오쓰카 에이지가 지적하는 것처럼, '저쪽'에 자리한 옴진리교의 '위사'에 대항할 만한 '정사(正史)'를 '이쪽'은 가지지 못했다. '전후'의 성공 이야기는 '정사'가 될 수 없었다. 즉 '이쪽'에 '정사'가 없다는 것이 '저쪽'의 '위사'를 만들어낸 셈이다. 물론 옴진리교라는 '위사'에 바탕을 둔 '한 방'은 결국 '한 방'이 되지 못하고 실패했다. 남은 길은 미야다이 신지가 말하는 것처럼 '맛타리', '끝없는 일상'을 반복하는 수밖에 없었다.

하지만 '끝없는 일상'은 경제적 풍요로움을 전제로 한다. 학교에 가고 직장에 가고 해외여행을 하고 의미 없는 대화를 나누는 것 이외에는 다른 길이 없으니 '끝없는 일상'을 반복할 수밖에 없다고 할 때, 여기에 기본 전제가 되는 것은 일상을 지탱하는 경제적 조건이다. 이런 의미에서 '끝없는 일상'이란 1980년대의 호경기에 기초한 생활 방식이었다. 하지만 1990년대부터 본격화한 경제 불황은 새로운 세대들에게 '끝없는 일상'을 사는 것이 얼마나 어려운 일인지를 실감하게 만든다. 1980년대의 풍요로운 '끝없는 일상'이 1990년대 이후에는 빈곤 속의 '끝없는 일상'으로 바뀌었다. 이 반복되는 '끝없는 일상'을 어떻게 끝낼 수 있을까? 사회주의는 실패했다. 자본주의는 1990년대 이후 끝없는 불황 상태이다. 사회운동은 더 이상 '큰 이야기'를 제공하지 못하고 앵무새처럼 반전 평화만을 외친다. 옴진리교의 '한 방'은 실패로 돌아갔다. 결국은 일본이라는 국가에 몸을 맡길 수밖에 없게 된다. 혐한 운동에 가담하는 청년들이 다른 인종이나 다른 국가에 대해 증오감을 쏟아내는 새로운 우익 단체의 진부한 '큰 이야기=위사'에 빠져들게 된 이유이다. 다시 말하면, '전후'의 '성공 이야기'나 '평화주의'라는 실체 없는 명분이 이들에게 '끝없는 일상'을 끝낼 수 있는 '큰 이야기'가 되지 못한 것이다. 이런 의미에서 보면 탈정치화와 국가로 회수되는 청년층의 '초국가주의'를 만들어낸 것은 '전후' 그 자체이다. 즉 평화와 민주주의 그리고 고도성장으로 포장된 '전후'를 상대화하고 비아냥거리는 '괴물'들이 이미 '전후' 속에서 배양되고 있었다는 것이다. '전후'를 지루하게 혹은 괴롭게 느낀 새로운 세대들을 낳은 것은 '전후'이지만, 이런 의미에서 보면 '전후'를 부정하고 이의 파멸을 기다리는 것도 '전후' 그 자체였다. 앞서 말한 우파 마스조에 요이치의 말을 다른 각도에서 빌리자면, "'전후 민주주의'가 낳은 '뱀의 알'이 전후 50년에 부화해 독사"가 되어 가고 있었던 것이다. 아즈마 히로키는 3.11 직후 "버블 붕괴 후 혹은 고도 경제성장 때부터 몇 십 년이나 지속되어 온 '끝없는 일상'이 갑자기 단절되는 그런 폭력적 순간을 우리들은 조우해버렸다."라고 말하고 있지만,[7] '끝없는 일상'의 단절이 현재로서는 초국가주의의 자양분이 되고 있다는 점을 부정할 수 없다.

---

[7] 東浩紀, 「論壇時評」, 『朝日新聞』, 2011.3.31.

저 자 | 권혁태(權赫泰)

　　고려대학교 사학과 졸업. 일본 히토쓰바시(一橋)대학 박사. 야
마구치대학 교수를 거쳐 현재 성공회대학교 일본학과 교수. 릿쿄
대학 초빙연구원, 규슈대학 초빙교수, 베를린자유대학 초빙교수,
홋카이도대학 및 오키나와대학 특별연구원, 황해문화 편집위원.
주요 저서로는 『일본의 불안을 읽는다』(저서), 『전후의 탄생』(편
저), 『아시아의 시민사회』(공저), 『언어의 감옥에서』(역서), 『맥아
더와 히로히토』(역서), 주요 논문으로는 「국경' 안에서 '탈/국경'을
상상하는 법: 일본의 베트남 반전운동과 탈영병사」, 「1960년대 단
카이 세대의 '반란'과 미디어로서의 만화」 등이 있다.

IJS 서울대학교 일본연구소
Reading Japan **9**

일본, '전후'의 붕괴
서브컬처, 소비사회 그리고 세대

초판 1쇄 발행 2013년 08월 22일
초판 3쇄 발행 2014년 06월 09일

기   획 서울대학교 일본연구소
저   자 권혁태
발 행 처 제이앤씨
발 행 인 윤석현
등   록 제7-220호

주   소 서울시 도봉구 창동 624-1 북한산현대홈시티 102-1106
전   화 (02)992-3253(대)
전   송 (02)991-1285
편 집 자 주수련
책임편집 김선은
전자우편 jncbook@hanmail.net
홈페이지 http://www.jncbms.co.kr

ⓒ 서울대학교 일본연구소, 2014. Printed in KOREA.

ISBN 978-89-5668-972-2 03910   **정가** 9,000원

이 도서의 국립중앙도서관 출판시도서목록(CIP)은 서지정보유통지원시스템 홈페이지(http://seoji.
nl.go.kr)와 국가자료공동목록시스템(http://www.nl.go.kr/kolisnet)에서 이용하실 수 있습니다.
(CIP제어번호: CIP2013014905)